Liebe

Eine Abrechnung

Laura Kipnis ist Medienwissenschaftlerin an der Northwestern University Illinois und Stipendiatin der Guggenheim- und der Rockefellerstiftung. Sie hat zahlreiche Arbeiten zu Sexualität und Kulturwissenschaften veröffentlicht, die in mehrere Sprachen übersetzt wurden.

Laura Kipnis

Liebe

Eine Abrechnung

Aus dem Englischen von Sonja Schuhmacher
und Thomas Wollermann

Campus Verlag
Frankfurt/New York

Die amerikanische Originalausgabe *Against Love. A Polemic* erschien 2003 bei Pantheon Books, New York.

Die Übersetzer Sonja Schuhmacher und Thomas Wollermann sind Mitglieder des Kollektivs Druck-Reif.

Bibliografische Information der Deutschen Bibliothek:
Die Deutsche Bibliothek verzeichnet diese Publikation in der Deutschen Nationalbibliografie. Detaillierte bibliografische Daten sind im Internet über http://dnb.ddb.de abrufbar.
ISBN 3-593-37537-0

Umschlaggestaltung: Büro Hamburg
Umschlagmotiv: © Photonica/Elke Heffer
Satz: Fotosatz L. Huhn, Maintal-Bischofsheim
Druck und Bindung: Druckhaus Beltz, Hemsbach
Gedruckt auf säurefreiem und chlorfrei gebleichtem Papier.

To the only begetter
Shakespeare, Sonette

Inhalt

Vorbemerkung

Bitte anschnallen: Wir steuern direkt auf den Widerspruch zu. Unser Thema ist die Liebe, da kann es schon mal heftiger zur Sache gehen.

Fangen wir doch mal so an: Wer würde überhaupt im Traum daran denken, sich gegen die Liebe auszusprechen? Niemand natürlich. Liebe ist, das glauben wir doch alle zu wissen, eine geheimnisvolle, uns mit Haut und Haar in ihren Bann ziehende Macht, die weitgehend unsere Gedanken und unser Leben bestimmt. Die Liebe ist die Königin, und als solche stellt sie ihre Ansprüche: Sie verlangt unsere unbedingte Treue. Und wir unterwerfen uns ihr nur allzu bereitwillig – so freiwillig wie sich der gewöhnliche Untertan eben in die Knechtschaft einer allmächtigen Herrscherin schickt, so freiwillig wie ein Frondiener seine Arbeit verrichtet. Wir haben es mit einer neuen Form der allgemeinen Mobilmachung zu tun: Wenn die Liebe zu den Fahnen ruft und man seine Marschorder erhalten hat, dann gibt es keine Frage mehr, man verschreibt sich ihrer Sache mit Leib und Leben. Gegen die Liebe zu sein ist ein Ding der Unmöglichkeit, sind wir Menschen von heute doch ständig von dem Wunsch nach Erfüllung getrieben, wir sehnen uns nach Bindung, wir wollen anhimmeln und angehimmelt werden, und Liebe gilt nun mal als das Lebenselixier in einer Welt, die ansonsten eher nach Leitungswasser schmeckt. Vor den Toren der Liebe gehen wir in die Knie, verzehrt von dem Wunsch, Einlass zu erhalten – wie Möchtegernaufsteiger lungern wir an der Absperrung dieses exklusiven Clubs herum, zu dessen plüschigen Salons wir gerne Zutritt hätten, auf dass sich dadurch unser Selbstwertgefühl steigere und wir uns als interessantere Persönlichkeiten fühlen dürfen.

Aber sollte solche Einmütigkeit nicht stutzig machen? Kann es wirklich sein, dass es zu diesem Thema keine abweichende Meinung gibt, sondern nur die eine alleinseligmachende Wahrheit? (Selbst Zyniker und Verächter der Liebe scheinen ihr treu ergeben.) Vergessen wir nicht, dass gerade die strengsten Religionen von Häretikern durchsetzt wurden und jede Ideologie ihre Apostaten hat – auch heilige Kühe finden ihren Metzger. Nur die Liebe anscheinend nicht.

Gerade deshalb ist es Zeit für eine Polemik gegen dieses Phänomen. Polemiken sind dazu da, kulturelle Heiligtümer von ihrem Sockel zu stoßen und überkommene Weisheiten auf den Kopf zu stellen, selbst wenn es sich dabei um sakrosankte Themen wie die Liebe handelt. Eine Polemik ist nichts anderes als das sprachliche Äquivalent zu einem Knallfrosch unter dem Fernsehsessel. Sie soll nicht verletzen (jedenfalls nicht ernsthaft), sondern nur aufschrecken und ein paar Überzeugungen durcheinander rütteln. Machen Sie sich auf etwas gefasst: Eine Polemik ist nicht ausgewogen, sie bietet nicht die beiden Seiten der Medaille. Sie überzeichnet ihren Standpunkt. Sie arbeitet mit Provokation und manchmal auch mit Spott, da sie normalerweise gegen Ansichten anrennt, die als so felsenfest gelten, dass man sie anders gar nicht mehr aufbrechen kann. Die Liebe unserer Tage mag wie eine Reihenhaussiedlung erscheinen – (»Häuslichkeit« in ihrer Reinkultur) – aber sind wir denn Marionetten der Gesellschaft, die alles schlucken, was ihnen vorgesetzt wird, und nie eigene Fragen stellen?

Bitte beachten Sie auch, dass »gegen« ein mehrdeutiges Wort ist. Polemiken bleiben selten unwidersprochen (und natürlich auch nicht die Polemiker); Rhetorik und Gesinnung gehen nicht immer Hand in Hand. Lesen Sie daher dieses Buch ruhig gegen den Strich. Das entspricht der Natur unseres Themas.

Prolog – oder:

»Ich fühle mich auf einmal so ganz anders«

»Wollen wir tanzen?« Sie haben all Ihre Lässigkeit aufgeboten und sich für einen Augenblick davon überzeugt (nichts geht ohne Selbsttäuschung in solchen Momenten), dass Ihre Motive so rein sind wie das Gold Ihres Hochzeitsrings und Ihre Tugend so unerschütterlich wie Ihre Kreditverpflichtungen. Nachdem Sie diese kleine Kühnheit vollbracht haben und sich Ihr Körper nun an jenen Menschen schmiegt, der Ihnen den ganzen Abend schon schmachtende Blicke zuwirft, meldet sich langsam ein unterdrücktes, aber nicht ganz unbekanntes Gefühl tief in Ihrem Innern, ein entferntes Beben, das stärker und stärker wird, wie eine Herde Elefanten, die sich im Buschland sammelt ... O Gott, es ist Ihre *Libido*, einst eine allseits bekannte Freiheitskämpferin, nun ein trauriges, verschrumpeltes Etwas, schon lange keine großspurige Rebellin mehr, sondern eine brave Bürgerin, die sich in ein paar kurzen Jahrzehnten von Janis Joplin zu Barry Manilow gewandelt hat. All die ungezügelten Triebe der Jugend sind schon lange durch Arbeit und Familie sublimiert, sämtliche dafür tauglichen Organe der Paarbeziehung als Gemeinschaftsbesitz verpfändet (und nur noch gelegentlich werden sie für jene kaum noch spontan zu nennende eheliche Pflichtübung in Anspruch genommen, deren Feuer – gestehen wir es doch ein – kaum noch aufflackert), da spüren Sie mit einem Ruck, was Ihnen die ganze Zeit gefehlt hat. Seit wann ist der Sex eigentlich so langweilig geworden? Wann hat er sich zu etwas gewandelt, an dem Sie »arbeiten«? Es ist ein wenig peinlich, wie lange man ohne auskommt, wenn man nicht gerade meint, es sei mal wieder an der Zeit, und wie viel verlockender ein schönes Schläfchen im Vergleich zu diesem nun schon wirklich oft genug aufgeführten Akt ist. Stimmt, früher war es eine tolle Sache – sofern die Erinnerung nicht trügt –, aber das war, bevor der Sarkasmus kam. Oder die Enttäuschung. Oder die Kinder. Oder die *Geschichte.*

Die anderen hampeln mit der unschönen Pseudo-Selbstvergessenheit respektabler Bürger herum, die sich auf einer Wochenendparty mit ausreichend Gratis-Alkohol weismachen wollen, dass sie es noch immer bringen, ganz egal, wie schlimm der Kater am nächsten Morgen ausfällt. (Vielleicht befinden wir uns unter Akademikern auf einer Jahreskonferenz, dankbar, für kurze Zeit den quengelnden Studenten und dem Leben im Elfenbeinturm entronnen zu sein – aber der Beruf spielt keine Rolle, die Geschichte kommt in allen Kreisen vor). Und mittendrin Sie, im Takt hopsend (so hoffen Sie wenigstens), hingegeben an ein exotisches Gefühl. Meldet sich da etwa ... Lust? Ist schon lange her, dass Sie jemand so interessiert angesehen hat, nicht wahr? Gleich mehrere in Aufruhr geratene Körper- und Hirnareale elektrisiert dieser Nahkontakt mit einer Anatomie, die nicht die Ihres Ehepartners ist – dem Sie ausgeredet haben, mitzukommen, oder er hatte sowieso keine Lust und ...

Unterdrücken Sie diesen Gedanken, schnell. Wenn das, was Ihnen da durch den Kopf schießt, überhaupt die Bezeichnung *Gedanke* verdient.

Vielleicht fand das auch gar nicht auf einer Party statt. Vielleicht in einem Flugzeug, in Ihrem Fitnessclub, oder – für jene, die es vorziehen, ausschließlich in der Gegenwart zu leben – bei der Arbeit. (Überlegen Sie mal: All die peinlichen Begegnungen, die Ihnen in den nächsten Jahren blühen.) Der Anlass ist gleichgültig; entscheidend ist, dass Sie sich so lustvoll in einen Strudel der Möglichkeiten gezogen fühlen, in einen wirbelnden Moment, welcher der Beginn von etwas ganz Neuem sein könnte. Sie sind einfach verwandelt: Mit einem Mal sind Sie bezaubernd, attraktiv, erwacht aus einer emotionalen Starre und völlig perplex durch jenes schon halb vergessene prickelnde Gefühl. Dann war da ein erster schüchterner Anruf, ein Kaffee, ein Glas Wein oder – wenn die Umstände es erlaubten – ein unglaubliches Gespräch, das den ganzen Abend gedauert hat. Es ist schon lange her, dass Ihnen jemand einfach nur *zugehört* hat. Oder über Ihre Witze gelacht und Ihnen schmachtend in die Augen geblickt hat. Und Sie fasziniert hat. Es ist schon lange her, dass Sie von sich selbst fasziniert waren. Bei einer »zufälligen« Berührung meldet sich auf einmal in Ihrem Kopf und Ihrem Schritt die Lust und füllt eine Leere, die Ihnen gar nicht bewusst war. (Bestimmt haben Sie sich an sie gewöhnt und sie mit den üblichen Beruhigungsmitteln verarztet: Martinis und Stimmungsaufheller.) Irgendwie wird das alles schnell viel ernster, als Sie vorausgesehen hatten, was Sie heimlich (na gut: verzweifelt) gewünscht haben, und mit einem Mal sind auch *Gefühle* im Spiel, Verletzlichkeit – Gefühle, die Sie gar nicht haben wollten, und eine Verletzlichkeit, die Sie im Mark erschüttert, eigentlich eine unerlaubte Empfindung, aber Ihnen ist auch so seltsam zumute ... sollen wir es vielleicht *übermütig* nennen?

Solchem Übermut folgt dicht auf den Fersen ein explosives Gemisch aus lähmender Angst und nagender Schuld. Sie scheinen ja zu schwitzen, unangenehmen, kalten Schweiß. Und, du meine Güte, ist das etwa Sodbrennen? Ihr Magen ist in Aufruhr; Ihr Gewissen meldet sich wie ein entzündeter Blinddarm, der unter Schmerzen aufzuplatzen und giftige Vorwürfe zu entlassen droht. Ein absonderliches Virus scheint Ihr ansonsten perfekt funktionierendes Immunsystem überrumpelt, Ihre Verteidigungsstellungen überrannt zu haben und lässt Sie verwundbar, zitternd und befremdlich errötend zurück. Es sieht ganz so aus, als hätten Sie sich eine lebensbedrohliche Sehnsucht eingefangen. (Das Leben, das in Gefahr scheint, ist Ihr bisheriges, in dem Sie mit einem Mal einen schmerzlichen Mangel empfinden – einen Mangel, der nun von einem Bild ausgefüllt wird, das Ihnen in jeder wachen Minute vor Augen schwebt.)

Sind Sie wirklich jemand, der dann auch zur Tat schreitet? Solcherlei Gewissensqualen liegen alle noch im Vorfeld, denn bislang haben Sie »nichts gemacht«, und trotzdem meldet sich der Selbsthass. Sie beschließen, mit Ihrem frischgebackenen Liebesobjekt Klartext zu reden – sich auf anständige Weise aus der Affäre zu ziehen. »Ich kann einfach nicht«, erklären Sie mit Bedauern in der Stimme, wo Sie doch selbst spüren, gerade jetzt, dass Sie sehr wohl könnten. Zuverlässige Statistiken darüber, wie viel Zeit im Schnitt zwischen Äußerungen wie »Ich kann einfach nicht« oder »Das ist wahrscheinlich keine gute Idee« und dem Vorspiel vergeht, gibt es nicht, aber es würde sich für Soziolinguisten sicher lohnen, einmal die spezielle aphrodisierende Wirkung solcher Sätze zu untersuchen. Schuldgefühle machen es einem jedenfalls leichter, geben sie einem das doch Gefühl, in Wahrheit kein schlechter Mensch zu sein. Richtig schlechte Mensch sind nun mal gewissenlos.

Oder ... vielleicht machen Sie das nicht zum ersten Mal. Vielleicht kommt es sogar öfter vor. Vielleicht haben Sie da einen kleinen Vertrag mit sich selbst geschlossen: Von Zeit zu Zeit lockern Sie ein wenig die Bande der Treue – Sie nehmen das nicht so ernst, gönnen sich ein wenig Spaß, machen dabei niemandem falsche Hoffnungen –, um im tieferen Sinne treu zu bleiben und sich so schlecht und recht an eine vor Jahren eingegangene Verpflichtung zu halten, trotz aller Unannehmlichkeiten. »Unannehmlichkeiten« ist hier die Abkürzung für all die kleinen Kuhhandel, die Sie nie machen wollten, oder den abgegriffenen Katalog erlittener Demütigungen, den Sie mit sich herumschleppen, oder die Abfuhr, die Sie immer häufiger einstecken (jedes Mal ein kleiner, aber schmerzlicher Stich in eine empfindsame Stelle Ihres Ich), oder – ach, füllen Sie doch die Leerstelle selbst aus. Und bislang hat das auch funktioniert (klopfen Sie auf Holz), ohne größere Katastrophen (abgesehen von gelegentlichen klammen Momenten oder Vorwürfen), denn schließlich sind Sie ja ein anständiger Mensch, im Grunde ehrlich, und Sie wollen auch niemanden verletzen, selbstverständlich lieben Sie Ihren Ehepartner, oder zumindest können Sie sich ein Leben ohne ihn nicht vorstellen (oder nicht die Zerrüttung, die Qualen und die soziale Schmach, die ein endgültiger Bruch mit sich bringt), und Sie brauchen – also, was Sie brauchen, das ist hier eigentlich nicht die Frage, und Sie selbst stellen sie gewiss nicht (vielleicht wenn die Kinder aus dem Haus sind, falls Sie Kinder haben, oder irgendwann einmal in unbestimmter Zukunft), denn warum sollten Sie die Wurmdose öffnen, wo doch die Würmer kaum wieder brav in ihre Dose zurückkriechen, und das Letzte, was Sie sich wünschen, ist so ein Gewusel von Würmern. Oder dass die Leute Sie für einen Drecksack oder ein selbstsüchtiges Flittchen halten, für jemanden, der auf Kosten anderer seinen Spaß sucht, oder wie auch immer eine bedrohte Gemeinschaft ihre moralische Missbilligung formuliert.

Wie der Einzelfall auch aussehen mag: Jetzt sind Sie am Zug, im Begriff, eines der zehn Gebote zu übertreten, kurz davor, dem Geheimbund der Ehesaboteure beizutreten (wenn Sie nicht gerade Ihre Mitgliedschaft erneuern, Sie Schuft), der Sand ins Räderwerk der Gesellschaft streut. Sie haben keine Ahnung, was Sie da tun oder wie es weitergeht (ein kleiner Gedächtnisverlust im Hinblick auf die letzte Affäre ist hier sicherlich hilfreich), aber Sie würden einfach alles darum geben, sich weiter so ... *lebendig* fühlen zu dürfen.

Und so ... *experimentierfreudig*. Der Seitensprung ist für die spielregelkonforme Liebe, was das Experiment für die Wissenschaft ist: Einfach mal was ausprobieren. Er erlaubt, Hypothesen zu testen und zu improvisieren: »*Was wäre, wenn ...?*« Man geht ein kontrolliertes Risiko ein. Wie bei jedem Experiment kann sich herausstellen, dass es eine dumme Idee war oder aber dass man ein Wundermittel entdeckt hat – vielleicht geht man als neuer Mensch daraus hervor oder es gibt einfach einen großen Knall. Oder beides. Wer weiß, vielleicht erfinden Sie etwas ganz Neues oder kommen zu einer ungeahnten Erkenntnis: der nächste Paradigmenwechsel vielleicht? Oder es zischelt ein wenig, und das war's dann. Kann man vorher natürlich nie wissen, nicht wahr?

Kapitel Eins

Liebesmüh

Würden alle anwesenden Ehebrecher sich bitte einmal erheben? Ich meine damit alle treulosen Ehefrauen, verheirateten Casanovas und vom rechten Weg abgekommene Lebensgefährten in Vergangenheit, Gegenwart und Zukunft. Wer in seiner Fantasie auf Abwegen schweift, kann gleich mit aufstehen. Genauso, wer in einem Ehebruch-Melodram je eine tragende Rolle als »der andere Mann«, »die andere Frau«, als eifersüchtiger Ehepartner oder Ehedetektiv gespielt hat (»Ich habe um drei im Büro angerufen, da hieß es, du wärst schon gegangen!«) oder – das Traurigste überhaupt – als der oder die Gehörnte. Was Sie natürlich sein können, ohne es (bewusst) zu wissen. Lassen Sie das ruhig einen Moment auf sich wirken oder nutzen Sie die Zeit für einen kurzen Anruf: »Hallo Schatz, wollte nur mal nachfragen!«

Wer Erfahrung in Sachen Untreue hat, wird wissen, dass wir hier nicht über One-Night-Stands reden, also nicht über die flüchtigen Begegnungen auf Dienstreisen, kaum erinnerbares Gefummel unter Alkoholeinfluss und auch nicht über die paar verbliebenen Swingerclubs am Stadtrand – oder welche Gelegenheiten es in der postmodernen Gesellschaft noch geben mag, auf beiläufige und halbwegs unpersönliche Weise Körperkontakt aufzunehmen. Wir leben in einer erotisch aufreizenden Zeit, in einer Kultur, die es fertig bringt, alles mit Sex zu überfrachten und doch zugleich ihre puritanische Grundeinstellung zu bewahren, und das in ausgewogenem Verhältnis. Schätzungen des Prozentsatzes der Verheirateten, die mindestens einmal fremdgegangen sind, variieren zwischen zwanzig und siebzig Prozent. Man kann sich also unter den einschlägigen Statistiken herauspicken, was man braucht, um jede beliebige Behauptung über die Häufigkeit von Seitensprüngen zu untermauern. Doch lassen wir die exakten Zahlen einmal beiseite – wir müssen uns hier ja nicht als Soziologen und trockene Statistikfetischisten gebärden –, ein kleines Abenteuer, hie und da mitgenommen, auch wenn man mit ganzer Seele monogam gebunden ist, erschüttert doch nicht die Welt. Manch einer wappnet sich mit Selbstnachsicht (»Man sollte eben nicht auf leeren Magen trinken«) oder hat es mit den Jahren gelernt, sich haarspalterische Ausnahmeregeln zuzulegen: »Anderswo zählt nicht, Oralsex zählt nicht.« Einige weitsichtige Zeitgenossen haben vielleicht schon im Voraus mit ihren Partnern Arrangements für derlei Eventualitäten getroffen – Regeln wie »einmal ist keinmal«, »hinterher alles erzählen« (angeblich sind aber solche Abmachungen heutzutage eher in nicht-heterosexuellen Kreisen üblich). Allerdings ist auch dieser Themenkomplex kaum durch Statistiken erleuchtet.*

---

* Aussagen über das eigene Sexualleben sind notorisch unzuverlässig. Nehmen wir als Beispiel die statistischen Probleme, mit denen eine von der Chicagoer Universität im Jahr 1994 durchgeführte Umfrage zu kämpfen hatte. Diese Untersuchung, angeblich die mit dem profundesten Sachverstand und der größten Sorgfalt durchgeführte Studie über Sexualverhalten überhaupt, hatte einen kleinen Schönheitsfehler: 64 Prozent der angegebenen Sexualkontakte der Männer konnten nicht zugeordnet werden – das heißt, man hätte sie zuordnen können, wenn unter den 3 500 Befragten zehn Frauen je 2 000 Sexualpartner verschwiegen hätten. Die Soziologin Martina Morris schlug in der Zeitschrift *Nature* folgende Lösung vor: Man solle einfach die Angaben jener Männer außer Acht lassen, die behaupteten, in ihrem Leben mehr als zwanzig oder im vorangegangenen Jahr mehr als fünf Partnerinnen gehabt zu haben, und schon hätte man verlässliche Zahlen. Aber auch wenn wir die Frage beiseite lassen, ob Männer die Zahl ihrer Sexualkontakte stärker übertreiben, als Frauen sie vielleicht untertreiben, und ob es wirklich so unwahrscheinlich ist, dass jemand in seinem Leben mit mehr als zwanzig Personen Sex gehabt hat, muss man sich fragen, ob das Herumdoktern an Daten auf der Basis solcher Annahmen eine Statistik über das Verlässlichkeitsniveau von Wahrsagerei erheben kann. So ergaben sich aus der Chicagoer Umfrage ziemlich niedrige Prozentzahlen für Ehebruch (bei Männern 21 Prozent, bei Frauen 11 Prozent), Zahlen, die in Zeitungsartikeln zu diesem Thema noch immer zitiert werden. Der *Kinsey Report* dagegen gab für Ehebruch bei Männern 50 Prozent an (im Jahr 1948) und bei Frauen 26 Prozent (im Jahr 1953).

Aber wir reden hier nicht über »Arrangements«, die man mit sich selbst oder dem Ehepartner trifft, oder darüber, wann es »bloß Sex« und damit nicht ernst gemeint ist. Das, worum es hier gehen soll, wird sehr wohl ernst genommen: Liebesgeschichten. Herzensangelegenheiten. Austausch von Intimitäten, das Aufflackern von Leidenschaft, Geständnisse, Idealisierungen und Erklärungen – dazu Lieblingsbücher, Geschichten aus der Kindheit, Beziehungsklagen und Selbstentblößungen, die nicht selten quälende Gespräche mit Freunden oder professionellen Zuhörern mit unverschämt hohen Stundensätzen erfordern, weil eine oder beide Seiten verheiratet oder fest liiert sind und sich all dies Sehnen und Schmachten unter Bedingungen banger Geheimhaltung abspielt, was einen völlig kopflos macht. Mit anderen Worten, hier geht es um *Widersprüche*, manifeste, ins Auge fallende Widersprüche mitten im Herzen der Liebe unserer Tage. Die Untreue soll uns Zugang zu dieser Welt der Zweideutigkeiten und Ängste verschaffen, sie ist das Vergrößerungsglas, durch das wir das Ethos der zeitgenössischen Liebe betrachten – wobei es nicht nur um den vollzogenen Akt geht, die reine Vorstellung genügt. (Wer einer Sache die Treue hält, übt Verrat an einer anderen – so ist das nun mal mit der Dialektik.) Ob man sich also für die große Kreuzfahrt eingeschifft hat oder nicht, wir sitzen alle im selben Boot – und sei es, weil wir feierlich behaupten, wir hätten damit nichts zu tun.

Nur ein kleines Gedankenexperiment: Stellen Sie sich vor – natürlich ist *Ihnen* das nie passiert und wird es auch nicht –, Sie befänden sich in der absurden Situation, für ein Leben optiert zu haben, dem Sie nun unter Verrenkungen zu entkommen suchten, sozusagen als Untergattung des Entfesslungskünstlers, als Houdini von Heim und Herd. Nie hatten Sie dergleichen im Sinn, und jetzt ... irgendwie sind Sie da reingeschlittert, ins Kreuzfeuer widersprüchlicher Gefühle geraten, und das häusliche Glück, für das Sie sich einst so vehement stark gemacht haben, ist auf einmal nicht mehr als eine maßgeschneiderte Zwangsjacke, deren geheimes Schlupfloch nun die schlauen (und hoffentlich wasserdichten) Entschuldigungen sind, die Sie aushecken, um Ihre häufige Abwesenheit zu erklären (oder die steigenden Telefonrechnungen – doch zum Glück gibt es auch Prepaid-Karten, ein wahres Gottesgeschenk für telefonierende Ehebrecher). Doch wenn Sie eine schwache Stunde haben, oder wenn ein kleiner häuslicher Streit aus unerfindlichen Gründen zum großen Drama aufläuft – was auch in den besten Zeiten möglich ist, nicht bloß, wenn Sie dauernd daran denken, wo und bei wem Sie jetzt am liebsten wären –, oder wenn die Sehnsucht körperlich schmerzt oder Sie sich verdammt lange heulend im Badezimmer einschließen, dann mag sich grundlegend die Frage stellen, in welcher Gefühlswelt Sie eigentlich leben wollen oder auf welche Art von Erfüllung Sie hoffen dürfen, oder es eröffnet sich gar – dies ist allerdings nur den Kühnsten vorbehalten – die nervenzerfetzende Möglichkeit, endlich einmal *das eigene Leben zu ändern.* (Alternative: Verzichten Sie auf harte Fragen und erhöhen Sie Ihre Prozac-Dosis, das wird auch das lästige Libido-Problem erledigen.)

Eine kleine Bemerkung zur Terminologie: Während man traditionell nur dann von »Ehebruch« spricht, wenn mindestens eine der beteiligten Parteien einen Trauschein vorzuweisen hat, soll für die Zwecke dieser Diskussion hier jede Paarbeziehung, in der einander Treue gelobt wird, als »Ehe« gelten. Und da mittlerweile auch Schwule vom Staat das Recht auf Heirat einfordern, ist es auch nicht einzusehen, dass sich die Heterosexuellen alleine mit diesem Problem herumschlagen: ein herzliches Willkommen den neuzugestiegenen homo-, bi- und transsexuellen MitbürgerInnen. Doch Homo oder Hete, mit Trauschein oder ohne, alles steht unter dem Zeichen der Selbstverpflichtung zur Monogamie, deren strukturelle Überschreitung nun einmal der Ehebruch darstellt – sexuelle Ausschließlichkeit ist der Eckpfeiler der modernen Paarbeziehung oder wird zumindest als solcher betrachtet. Und auch das soll festgehalten werden: Sie können sie mit jedem Geschlecht oder Gender ausfüllen, das Ihre Seele zum Lustobjekt erheben kann. Welches sich nicht unbedingt mit jenem decken muss, das Sie vor der Welt als Ihre Bindung offenbaren.

Noch eine terminologische Klärung. Da unser Schwerpunkt

»gesellschaftliche Normen« und »Mainstream-Konventionen« der Liebe sind und nicht Ausnahmen oder Abnormitäten (nebenbei bemerkt, geht es auch um die interessante Neigung, dass man mit Konventionen auch zugleich das Bedürfnis in die Welt setzt, sich ihnen zu entziehen), werden im Verlauf dieser Diskussion Begriffe wie »Liebe«, »Paarbeziehung«, »Lebensgefährte« und »Ehepartner« oft als austauschbar verwendet. Zwar mündet nicht jede Liebesgeschichte in eine Partnerschaft, wie auch nicht jede Liebe so lange dauert wie die zugehörige Beziehung; auch haben sich längst nicht alle Paare vor dem Standesbeamten das Jawort gegeben, und einige erklärte Gegner von Anstand und Sitte lieben ein wenig anders, und doch läuft die gesellschaftliche Erwartung unangefochten durch jedweden Individualismus auf die Abfolge »Liebe – Paar – Heirat« hinaus. Wer überempfindlich ist und mit einer anderen Terminologie besser zurecht kommt (oder immer noch seine Jugendrebellion mit sich herumschleppt, gerade eine Pechsträhne hat oder unter chronischer Ambivalenz leidet), darf gerne ihm genehme semantische Änderungen vornehmen. Ihr »besseren Hälften« und ihr »Lebensabschnittsgefährten«, auch ihr alle, die euch die Bindungsangst plagt: Bitte weiterlesen. Das große Reich der Liebe kennt Millionen Geschichten, auch die Eure ist dabei.

Und da wir gerade dabei sind, Begriffe zu klären, noch eine Bemerkung zu »Gender«. Heutzutage steht es in einer Partnerschaft jedem frei, das männliche oder weibliche Gender zu übernehmen, unabhängig vom Geschlecht oder der sexuellen Orientierung. Deshalb wird in unserer Diskussion dem Thema Gender keine besondere Aufmerksamkeit gewidmet. Wer immer zu Hause sitzt und wartet, wer immer »misstrauisch ist«, es ist die Frau. Wer »mehr Freiraum« verlangt, ist der Mann. Und obwohl die Konstellation »verheirateter Mann/alleinstehende Frau« immer noch die klassische Variante des Ehebruchs darstellt, gibt es doch hinreichend Anhaltspunkte, dass inzwischen auch Frauen öfter fremd gehen: Es fehlte ihnen früher offenbar nur an Gelegenheit, einmal aus dem Haus zu kommen. (Auch das gestiegene Bildungsniveau spielt eine Rolle. Soziologische Untersuchungen zeigen, dass Frauen mit höherer Bildung eher eine Affäre wagen; hat die Frau in einer Partnerschaft den höheren Bildungsabschluss, dann ist es eher sie, die fremd geht.) Normalerweise heimsen die Feministinnen das Verdienst (oder den Vorwurf) ein, die Frauen aus dem Haus und in die Arbeitswelt getrieben zu haben, doch wir wollen Ehre erweisen, wem Ehre gebührt: Der Dank geht an die Wirtschaftskrise und die stagnierenden Realeinkommen – es kann wohl kaum Ziel der Frauenbewegung gewesen sein, dass man mittlerweile zwei Einkommen braucht, um einen Haushalt durchzubringen.*

Und zum Schluss noch eine Bemerkung zum Genre: Dies ist eine Polemik. Wenn hier den Freuden der partnerschaftlichen Treue und dem Lohn für langjährige Vertrautheit oder dem Wunder der Liebe nicht genügend Raum geboten wird, dann deshalb, weil es nicht Aufgabe einer Polemik ist, eine altbekannte Geschichte aufzuwärmen – und diese ist nun wirklich so oft abgespult worden, dass es einmal reichen müsste. Sollte Ihnen bange werden, weil Sie Gewohntes vermissen und Ihnen all die Miesmacherei die Lesefreude verdirbt, ergänzen Sie einfach in Gedanken, was Ihnen fehlt.

Die Ehebrecher mögen sich nun setzen. Vielleicht können sich jetzt einmal alle erheben, die in einer glücklichen Beziehung leben? Dankeschön. Wenn das hier nicht Ihre Geschichte ist, dürfen Sie gerne gehen, Sie, für die eine geglückte Beziehung Quell des Optimismus und der Erneuerung ist. Doch bevor jetzt alle Richtung

---

* Bleibt die Frage, ob die größte Leistung der feministischen Bewegung in der Befreiung der Frau liegt oder darin, weibliche Unterwerfung gleichmäßiger über die Geschlechter verteilt zu haben: Sie wird im Hintergrund unserer Diskussion mitschwingen. Halten wir jedenfalls fest, dass Gleichheit der Geschlechter nicht mit größerer Freiheit gleichzusetzen ist – sie kann auch einfach Gleichheit in der Unterdrückung bedeuten. Die Reformwelle im Privat- und Staatsrecht, die die freiheitlichen Demokratien im 20. Jahrhundert erfasste, brachte den Frauen gleiche Bürgerrechte und neue Eigentumsregelungen für den Ehestand. Bei den hier diskutierten Fragen soll es um weniger offensichtliche Formen der Unterdrückung gehen, die sich in unterschiedlicher Weise mit Gender-Reformen überschneiden.

Ausgang verschwinden, eine kleine Klarstellung: Zu einer »glücklichen Beziehung« würde es gehören, dass Sie mit Ihrem Ehepartner oder Ehepartner-Äquivalent etwas öfter als einmal im Quartal Sex haben – oder dies zumindest wünschen. (Und vielleicht auch mit ein wenig Abwechslung in der Choreographie?) Es würde bedeuten, ein Gefühlsleben sein eigen zu nennen, für das Monogamie nicht Verzicht bedeutet (also nicht Aufgabe der »Freiheit«, um es deutlich zu sagen), weil Kosten-Nutzen-Rechnungen hier nicht aufgehen. Es würde ein häusliches Klima bedeuten, in dem Vertrauen nicht durch erst durch ein Routineverhör gesichert werden muss (»Wer war denn das am Telefon, Schatz?«), auch nicht durch ständige Überwachung (»Meinst du, ich habe nicht gemerkt, wie lange du mit X am Empfang gesprochen hast?«) oder nicht angekündigte Durchsuchungsaktionen. Ein »glücklicher« Zustand der Monogamie wäre einer, an dessen Aufrechterhaltung man nicht *arbeiten* muss. Aber riecht die Forderung nach Treue über die Dauer des Verlangens hinaus nicht nach Arbeit – nach Arbeit, wie sie sich für viele von uns, Handlanger der Weltwirtschaft allesamt, darstellt: nichts als Entfremdung, Routine, Abstumpfung – auf keinen Fall etwas, das man sich aussuchen würde, wenn man die Wahl hätte.

Ja, wir wissen alle, dass eine gute Ehe einige Mühe kostet: Das Wissen um die arbeitsintensive Zweisamkeit ist uns in Fleisch und Blut übergegangen. Arbeit, Arbeit und nochmals Arbeit: Wo hört hier eigentlich die Arbeit auf und wann fängt die »Freizeit« an? Im Beruf oder zu Hause, im Büro oder im Bett: Wann ist man mal nicht »eingespannt«? Eine lebendige Beziehung mag Arbeit erfordern, in der Liebe hilft aber leider alles nichts: Liebesmüh ist immer vergeblich. Erotische Leistung kann eben nur spielerisch erbracht werden. Oder, um es mit dem Psychoanalytiker Adam Philips zu sagen: »Im Liebesleben ... ist es genauso unmöglich, an der Beziehung zu arbeiten, wie man willentlich eine Erektion oder einen bestimmten Traum haben kann. Schon wenn man anfängt, sich Mühe zu geben, ist die Sache gelaufen, dann fehlt etwas.«

Trotzdem haben wir uns auf die Schufterei eingelassen. Irgendwie – wie eigentlich? – hat sich das Arbeitsethos in allen Ritzen der menschlichen Existenz ausgebreitet. Also kein Spiel mehr – und keine Tändelei – außerhalb der Arbeitszeit. Klar, das Arbeitsethos hat schon vor langer Zeit den Freizeitbereich erobert; während die Freizeit früher der Erholung von der Arbeit diente, ist sie inzwischen von ihr erobert worden. (Denken Sie mal darüber nach, wenn Sie das nächste Mal nach der Arbeit Metallscheiben stemmen, also an Ihrem Körper arbeiten.) Dass wir alle mit dem Arbeitsethos verheiratet sind, ist nicht neu, sondern ein Wesenszug der Mittelklassenkultur: Lassen Sie sich auch das durch den Kopf gehen, vielleicht wenn Sie das nächste Mal morgens um vier wach liegen und Sinnfragen über den Wert Ihrer Person und des Lebens wälzen *(»Was habe ich wirklich erreicht?«).** Aber seit wann ist das Vokabular des Fließbands zur Selbstverständlichkeit auch in Liebesdingen geworden? Und heißt das auch, dass man statt in die Eheberatung lieber in Tarifverhandlungen einsteigen sollte, wenn der Haussegen schief hängt?

Wenn die Monogamie zur Arbeit geworden und die Lust vertraglich organisiert ist, samt Buchhaltung und Treue, die wie Firmenloyalität eingefordert wird, wenn das Eheleben zur Ehefabrik mutiert ist, mit strikter Arbeitsdisziplin, die Ehefrauen, Ehemänner und Lebenspartner jeder Art im Würgegriff einer Maschinerie hält, die »Status quo« heißt – dann muss man sich allerdings fragen: Ist es das, was wir mit »lebendiger Beziehung« meinen?

In der guten alten Zeit haben Leute wie Freud, die sich den Kopf über die Gesellschaft zerbrachen, eine grundsätzliche Unvereinbarkeit zwischen unseren tieferen Instinkten und den Forderungen gesehen, die von der Gesellschaft an uns gestellt werden. Dabei entdeckten sie einen gewissen Hang zur Neurose bei uns allen, erkannten aber auch die Möglichkeit, dass sich ab und an Wider-

---

* Die Soziologen haben einen beißenden Begriff für den nichtarbeitenden Teil der Bevölkerung geprägt, also für die Arbeitslosen, Sozialhilfeempfänger, Senioren und Gefängnisinsassen: »Sozialballast«.

stand gegen die erstickenden Zwänge der Zivilisation entwickelt. Doch damals forderte schon die Arbeit selbst den Widerstand heraus: Es tobte ein Kampf um Lohn, Arbeitsbedingungen und die Länge des Arbeitstags. Mit dem Achtstundentag schienen Arbeit und Kapital schließlich einen vorläufigen Frieden geschlossen zu haben, doch schauen Sie sich einmal um: Was an Fortschritt erreicht wurde, zerbröselt, während Sie diese Zeilen lesen. Soziale Errungenschaften werden Stück für Stück abgebaut, und das nicht nur in der Arbeitswelt: Seit es die arbeitsintensive Partnerschaft und das »Arbeiten an der Beziehung« gibt, heißt es: Doppelschicht für jedermann.* Oder sollten wir das die vertikale Integration nennen: Die gleichen erzwungenen Überstunden für alle samt unberechenbarer Anweisungen, Kleiderordnungen und Verhaltensregeln, überdies die gefürchteten jährlichen Leistungsbewertungen – und nicht zu vergessen, einen Orgasmus müssen Sie auch noch regelmäßig abliefern!

Nur dass in der guten alten Zeit der technische Fortschritt versprach, die Arbeitszeit zu reduzieren. Das ist mittlerweile eine antiquierte Vorstellung, die den Weg des Dodos und der Gewerkschaftsidee gegangen ist. Muss man nicht einfach in Ehrfurcht vor einem System erstarren, das mit seiner Effektivität sämtliche Alternativen einfach schluckt und etwas so Widerwärtiges wie »Arbeit an der Liebe« vernünftig erscheinen lässt? Leben im Rhythmus der Stechuhr; dem Chef ein wenig Liebe abringen, wenn man sich nicht gerade im Steinbruch des häuslichen Lebens abrackert – oder läuft das anders herum? Da ist es keine Überraschung, wenn der Arbeitssoziologe Arlie Russell Hochschild einen der Gründe für

---

* Doch welcher Bereich gestaltet sich hierbei nach dem Vorbild des anderen? Nach neuesten Statistiken der Vereinten Nationen arbeiten angestellte Amerikaner im Schnitt 49,5 Stunden in der Woche, unbezahlte Überstunden nicht eingerechnet. Das sind 3,5 Wochen im Jahr mehr als die japanischen Arbeiter (einst Weltführer in diesem Punkt), 6,5 Wochen mehr als britische Arbeiter und 12,5 Wochen mehr als deutsche Arbeiter. Der Wirtschaftswissenschaftler, der diese Zahlen zusammentrug, erklärte dazu: »Das hat sehr viel mit der amerikanischen Seele und der amerikanischen Kultur zu tun.«

die schleichende Ausdehnung der täglichen Arbeitszeit in der Tatsache sieht, dass viele Arbeitnehmer lieber Überstunden machen, als nach Hause zu gehen. (Das Beziehungsleben ist also offensichtlich so strapaziös geworden, dass man sich auf der Arbeit eher erholen kann.)

Ab wann aber verstoßen die Überstunden in der Beziehung gegen die Arbeitsschutzbestimmungen, und wo kann man Beschwerde einreichen? Vielleicht sollten wir solche Fragen direkt an der Quelle zu lösen versuchen? Das kann natürlich nur Marx sein, der *poète maudit* der Industriegesellschaft, ebenso wenig gelesen wie viel geschmäht, der uns vor langer Zeit mit seiner unschuldigen Frage »Was ist ein Arbeitstag?« den ganzen Schlamassel eingebrockt hat. Dieses scheinbar einfache Problem steht im Zentrum des *Kapitals*, und Marx braucht drei Bände, um es zu beantworten. Wie wir sehen, ist Marxens alte Frage immer noch die Unsere: Wie lange sollte man arbeiten müssen, bevor man seiner eigenen Lust und Laune folgen darf und doch genügend zum Leben hat? Oder, etwas schärfer formuliert: Wenn das Privatleben im postindustriellen Zeitalter bedeutet, dass auch Beziehungen zur Arbeit geworden sind, die Liebe also die neueste Spielart entfremdeter Arbeit darstellt, wäre es dann nicht sinnvoll, sich wieder einmal das *Kapital* zur Lektüre vorzunehmen und es als Ehehandbuch zu lesen?

Wer bei Marx nur an all die lästigen Revolutionen denkt, der vergisst, wie einfühlsam er über *Gefühle* geschrieben hat. Zum Beispiel über das Gefühl, mit Arbeit überlastet zu sein. Immer wieder beschreibt er, wie der Arbeiter ausgeblutet und bis an den Rand der Besinnungslosigkeit geschunden wird. Sein Arbeitstag gleicht einer Gruft, bevölkert von grusligen Gestalten und wandelnden Toten. Durch überlange Arbeitszeiten sind die Arbeiter »degeneriert ... zu einer magren und verkümmerten Race«, der Maschinenpark wird als große, gefrorene Masse toter Arbeit beschrieben, die Fabrikherren werden vom »Vampyrdurst nach lebendigem Arbeitsblut« getrieben, nur darauf bedacht, immer mehr Leistung aus ihren Leuten herauszuschinden, um ihren

»Werwolfs-Heißhunger nach Mehrarbeit«, also Profit, zu stillen. Sollte sich niemand dagegen erheben, so Marx, so werde es immer so weitergehen, bis wir alle schließlich verkümmert und verkrüppelt sind und unter der Last der sich ständig steigernden entfremdeten Arbeit vor Erschöpfung tot umfallen.

Es entbehrt nicht einer gewissen Komik, dass auch das Vokabular der Paarbeziehung heute ein wenig morbid klingt: Da ist von *unlebendigen* Beziehungen die Rede, von *kalten* Ehemännern und *frigiden* Ehefrauen, die bloß noch ihre Pflicht absolvieren und den Schein wahren. Ihre Lust ist schon vor langer Zeit dahingeschieden. Irgendwo ist da noch eine unartikulierte und unklare Sehnsucht nach »etwas anderem«, doch Sie sind nun mal vertraglich gebunden. *Alles muss so bleiben, wie es ist.* Warum? Weil Sie schon so viel von sich in die Maschinerie investiert haben – Ihr Herzblut, Ihre Geschichte –, dass sie nun mit Zauberkraft aufgeladen ist. Auf diese Weise unterwerfen und beherrschen gesellschaftliche Institutionen (im *Kapital* sind es Fabriken, aber auch die Liebe ist eine gesellschaftliche Institution) ganz unbemerkt ihre Schöpfer, denen gar nicht bewusst wird, was sie aufgegeben haben und dass die Sache, die sie selbst herbeigerufen und mit Leben erfüllt haben, bereits ein Eigenleben entwickelt und an ihnen die feindliche Übernahme vollzogen hat. So jedenfalls beschreibt Marx die Lage zu Beginn der Industrialisierung.

Eine schmerzliche Frage liegt in der Luft, ohne dass eine Antwort in Sicht wäre: *Warum überhaupt so hart arbeiten?* Weil keine andere Wahl bleibt? Aber die gibt es vielleicht. Der technische Fortschritt könnte doch die notwendige Arbeit auf ein Minimum reduzieren, sofern man die Befreiung von Zwängen zum gesellschaftlichen Ziel erheben würde, anstatt bloß einige wenige fabelhaft reich zu machen und den Rest schuften zu lassen. Es ist doch so: Je mehr jemand arbeitet, desto weniger Lohn erhält er dafür, was zweifelsfrei auch für die »Beziehungsarbeit« gilt. Wären wir dagegen vom Zwang zur Arbeit befreit, so würde dies nicht mehr und nicht weniger als die Struktur der menschlichen Existenz verändern. Sämtliche Glaubenssätze der Beziehungsarbeit wären reif für den Kehrichthaufen der Geschichte. »Freizeit für freie Menschen« lautet ein alter Slogan der Arbeiterbewegung. Allerdings: Wer weiß, was sie mit dieser Freiheit alles anstellen? Was sie als nächstes einfordern?

Wie Marx wohl gesagt hätte, falls er es nicht tatsächlich gesagt hat: »Warum arbeiten, wenn man auch spielen kann? Oder herumtändeln?« (Natürlich kann Tändelei auch in harte Arbeit ausarten, mehr dazu später.) Historische Fußnote: Marx war auch nicht gerade der treuesten Ehemänner einer.

Mit Gejammere über die Arbeitsbedingungen macht man sich allerdings bei der Geschäftsleitung unbeliebt, also behalten Sie Ihre Beschwerden lieber für sich. Die gut dokumentierte Trostlosigkeit des Single-Daseins – Männer leben kürzer, bei Frauen sinkt mit dem Alter die statistische Wahrscheinlichkeit, überhaupt noch einen Partner zu finden – sind ein festes Bollwerk gegen unzufriedene und reformwillige Paarelemente. Ähnlich konnte man einst das graue Leben in der Sowjetunion gegen alle ins Feld führen, die verblendet genug waren, von der Politik Sozialreformen zu erwarten (oder gar zu behaupten wagten, die »Wahlmöglichkeiten« in den westlichen Demokratien böten gar keine Wahl). *»Wenn es dir hier nicht gefällt, geh doch nach drüben.«* Die Ökonomie der Paarbeziehung ist, wie das gesamte Wirtschaftssystem, von Knappheit, Zwang und verinnerlichten Verboten bestimmt und wird durch die unablässige Versicherung zusammengeschweißt, es gäbe »keine Alternativen«. (So lässt sich wirksam verhindern, dass jemand mal über welche nachdenkt.) Nebenbei bemerkt, die Analogie des Staatsbürgers mit dem Ehepartner ist, angefangen mit Rousseau, schon seit zwei Jahrhunderten ein Dreh- und Angelpunkt der Diskussion um Freiheit und Demokratie. Nur scheinbar geht es hier um rein Privates, dieses Thema hat durchaus eine politische Dimension (mehr dazu später).

Wie wir lieben, lässt sich nur schwer davon trennen, wie wir arbeiten, schließlich sind wir soziale Wesen – trotz all der erhellenden Forschungsarbeiten über das Sexualverhalten der Bonobos und des Rotschulterstärlings, die angeblich so aufschlussreiche Einblicke auch in die Tiefen des menschlichen Paarungsverhaltens liefern. Wer gesellschaftliche Phänomene mit einem Rückgriff auf eine frühere entwicklungsgeschichtliche Stufe erklärt, führt meist mehr im Schilde, zum Beispiel die Begründung der Naturgegebenheit des kapitalistischen Gewinnstrebens oder der überlieferten Geschlechterrollen. Der Mann als Killeraffe, die Frau als bemutterndes Turteltäubchen oder welche tierischen Vorfahren eben sonst gerade in den Kram passen. (Die Soziobiologen könnten der Glaubwürdigkeit ihrer Theorien erheblich auf die Beine helfen, wenn sie bei Abendgesellschaften ihre Notdurft einfach vor aller Augen im Garten verrichten würden.) Nein, wir sind durch und durch von der Gesellschaft geprägt, so sehr, dass unser Begehren sich stets auf das richtet, was diese uns zu lieben vorgibt. Wie sonst soll man es sich erklären, dass die Bevölkerung sich so klaglos in die Forderung schickt, Sex und Arbeit sollten als unzertrennliche Einheit der sozialen Maschinerie funktionieren? Wo bleibt der Protest? Wer empört sich? Innerhalb weniger Jahrzehnte ist uns Gesellschaftskritik derart ausgetrieben worden, dass sie nun geradezu als Atavismus erscheint. Vergessen wir nicht, dass die Rebellion des Begehrens gegen die gesellschaftlichen Zwänge einst eines der wichtigsten Themen von Kunst und Kultur darstellte und Stoff für Klassiker der Weltliteratur abgab – denken Sie nur an *Romeo und Julia* oder an *Anna Karenina*. Doch anscheinend ist dieses kleine Problem mittlerweile gelöst, und wir können nun so lieben, wie es am nutzbringendsten für die Gesellschaft ist: als fleißige Arbeitsbienen und gelehrige Nestbauer.

Auch wenn das heute Übliche im Gewand der Natürlichkeit und Unvermeidlichkeit auftritt, die Verknüpfung von Arbeit und Liebe ist ein kulturelles Diktat jüngeren Datums. Richtig ist zwar, dass sich die große Mehrheit der Weltbevölkerung zu mehr oder weniger dauerhaften Zweierkonstellationen zusammenfindet, doch genügt ein flüchtiger Blick über den Tellerrand, um festzustellen, dass bei diesen Arrangements große Vielfalt herrscht. In unserer Kultur haben sie heutzutage eine Form angenommen, die

Soziohistoriker von »kameradschaftlicher Paarbeziehung« reden lässt. Es sind freiwillige Verbindungen, die (zumindest der Idee nach) auf Nähe, Gemeinsamkeit und Gleichheit beruhen. Sich zu verlieben gilt als Vorbedingung für eine lebenslange Bindung, die sich als gemeinsames Leben und mit der Erwartung gegenseitiger sexueller Erfüllung entfaltet. So ganz nebenbei heißt das auch, mit diesem Menschen, und zwar nur mit diesem Menschen, bis ans Ende aller Tage ins Bett zu gehen (wie gesagt, der Idee nach).

Der Haken daran ist nur, dass diese überwältigende kulturelle Gleichförmigkeit unablässig als Triumph der Freiheit und Individualität über die gesellschaftlichen Zwänge der Vergangenheit dargestellt wird (als ob die starren Regeln dieser Arrangements nicht von vornherein jeden emanzipatorischen Anspruch zunichte machten). Auf ebenso wackligen Beinen steht die umgekehrte Ansicht, diese Ordnung der Dinge leite sich irgendwie aus einem Naturgesetz her – Liebe besitze ein ewiges und unveränderliches Wesen, das seine höchste Verwirklichung gerade in der Ausprägung gefunden habe, wie wir sie heute erleben. Jeder Historiker, der sich mit diesem Thema beschäftigt, schreibt eine andere Geschichte der Liebe. Auch ohne uns auf dergleichen ermüdende Erörterungen einzulassen, eins können wir mit Gewissheit sagen: Weder die Geschichte noch die Ethnologie liefern Hinweise, dass unsere verliebten Vorfahren an ihrer Beziehung »gearbeitet« hätten. So lange ist es noch nicht her, dass alles, was sich unter den Stichworten Eros oder Verliebtsein entwickelte, notwendig auf die Ehe hinauslaufen musste, und nicht immer herrschte die Erwartung, das Objekt der Verliebten solle der eigene Ehemann oder die Ehefrau sein (viel eher sah man sich anderswo um), und niemand rechnete damit, dass dieser Zustand ein Leben lang anhielt. Man begnügte sich durchaus mit Episoden, und die spielten sich außerhalb der Ehe ab.

Aber wir wollen uns hier nicht in historischen Betrachtungen verlieren, sondern bei der Liebe von heute bleiben, die uns ja einiges abverlangt. Freiheit von gesellschaftlichen Fesseln – nun ja. Wenn die Liebe Macht über uns hat, dann eine ungeheuer wirkungsvolle, zeigt sich doch jede moderne Seele ihren Launen unterworfen, und uns alle eint die Furcht, dass Querulanten, die für die neuartigen Forderungen der Liebe nicht aufgeschlossen sind, professioneller Fürsorge bedürfen. Hat es je ein Despot vermocht, sich mit seiner Herrschaft tiefer in sämtlichen Regungen und Handlungen der Bevölkerung zu verankern und bis ins Innerste ihrer Seele vorzudringen? Im Grunde erschafft die Liebe überhaupt erst die moderne Vorstellung von der Seele – die sich ohne sie leer dünkt. Ein »Nein« zur Liebe ist nicht bloß ketzerisch, es ist tragisch, es bedeutet ein Versagen als Mensch. Und das ist sogar mehr als tragisch, es ist unnormal. (Natürlich gehört die Vorstellung von »Normalität« selbst zu den wirkmächtigsten Instrumenten der gesellschaftlichen Lenkung unserer Zeit.) Die Diagnose? Nichts anderes als die gefürchtete Zeitkrankheit »Bindungsangst«. Die erfordert natürlich intensive Behandlung und wahrscheinlich auch Quarantäne, damit sich bloß kein anderer ansteckt.

Wenn unser Leben ohne Liebe erbärmlich, wir selbst nur Versager sind, dann nehmen wir natürlich dankbar jedes gesellschaftliche Programm an, das im Namen der Liebe vermarktet wird. Und das betrifft nicht nur die Arbeitsethik: Werfen wir einen Blick auf die häusliche Zweisamkeit. Was für eine Glanzleistung der Manipulation, sämtliche Staatsbürger (sieht man von einigen gelegentlichen Ausbrechern ab) ins Korsett uniformen Zusammenlebens zu zwängen, und dies allein dadurch, dass jedermann zu wissen glaubt, die wahre Liebe verlange es und jedes Sträuben würde Lieblosigkeit bedeuten. Was für ein erstaunlicher Grad an Gleichförmigkeit wird hier so brav, ja sogar freudig hingenommen, und das auch noch von der Spezies *Homo americanus*, die ansonsten ihre Individualität mit Zähnen und Klauen zu verteidigen versteht. Dieses Volk, das so gerne über die Uniformität anderer Witze reißt (und was ist Humor schon anderes als eine kulturelle Selbstdefinition), das die Kommunisten wegen ihrer Apparatschiks und die Lemminge wegen ihres gedankenlosen Mitläufertums verspottet, merkt gar nicht, dass es ebenfalls in Reih und Glied zu marschieren pflegt, und das in Angelegenheiten, die nicht weniger wichtig sind als die herrschende politische Ideologie und oft nicht besser durchdacht sind als die Entscheidung, sich mit der Masse von einer Klippe zu stürzen.

Natürlich hat uns die Liebe am Schlafittchen, aber es ist auch eine historische Binsenweisheit, dass keine Macht der Welt so umfassend ist, dass sie auch das allerletzte Widerstandsnest ausmerzen könnte. Zwar werfen wir uns vor der Liebe in den Staub – und damit auch vor der häuslichen Zweisamkeit, in der die modernen Liebenden kaserniert sind –, aber dass es gar keine Protestbewegung gibt, kann man auch wieder nicht sagen. (Wer sie wirklich sucht, der findet sie auch.) Es gibt sie, jene Ausbrecherteams, die von Zeit zu Zeit den riskanten Versuch unternehmen, die Stacheldrahtverhaue zu überklettern oder sich kilometerweit mit gewetzten Löffeln in Richtung Freiheit graben – auch wenn sie ihnen vielleicht nur zeitweise zuteil wird.

Ja, *die Ehebrecher*: Sie tändeln herum, sie missachten den Treueschwur, sie machen alles kaputt. Doch halt ... vielleicht ist das mehr als bloße Tändelei? Wenn wir den Ehebruch als eine Art Volksabstimmung über den Zustimmungsgrad zur Monogamie werten – was gar nicht so abwegig ist –, dann ist er im Grunde auch schon fast ein Volksaufstand gegen die Zumutungen der neuzeitlichen Paarbeziehung. Doch betrachten wir das einmal nicht nur aus dem persönlichen Blickwinkel, sondern stellen es in einen größeren Zusammenhang. Soziologen und politisch orientierte Philosophen haben sich häufig mit den gleichen Fragen herumgeschlagen: Was bedeutet Freiheit in einer durchorganisierten Gesellschaft, wie lässt sich der Begriff der Verpflichtung gesellschaftlich fassen und was lässt sich zur Genealogie der Moral sagen? Der Status eines Satzes wie »ich verpflichte mich« ist eine der Hauptfragen eines speziellen Zweigs der Philosophie geworden, den man Sprechakttheorie nennt. Und sollten wir nicht auch die Möglichkeit in Erwägung ziehen, dass philosophische Fragen nicht nur auf Universitäten gestellt und in tiefsinnigen Wälzern erörtert werden, sondern Teil unseres Alltags sind – auch wenn wir uns dessen nicht immer bewusst sind? Wenn wir dagegen den Ehebruch mehr als kritische Praxis denn als kritische Theorie ansehen – nun, wenn Wissen und Bewusstsein um eine Sache blockiert sind, so leben wir sie dennoch aus. Warum der direkte Zugang versperrt ist, bleibt dann natürlich eine Frage – aber wer von uns kennt schon genau seine Wünsche und Motive oder deren Ursachen? Wir sind manchmal ziemlich ahnungslos. Dann geben wir Sätze wie »das kam einfach so über mich« von uns, als ließe sich damit etwas erklären.

Historiker, die sich mit der Struktur früherer Gesellschaften beschäftigen, halten oft Ausschau nach Beispielen für missliebiges Verhalten, das wider die Konvention ausgelebt wird, etwa von Häretikern, Rebellen, Kriminellen, und stellen auch die Frage, wer so bezeichnet wird. Solche Brüche im gesellschaftlichen Gefüge offenbaren auch Widersprüche, sie legen das Machtsystem und die Hierarchien sowie die Schwachstellen der gesellschaftlichen Institutionen bloß. Der Ehebruch ist sozusagen eine Sonderform des Ketzertums in der Kirche der neuzeitlichen Liebe, aber er ist auch ein Sammelbecken für andere soziale Widersprüche und Brüche.* Zwar ist Ehebruch kein neues Phänomen, das bestimmt nicht. Vielmehr handelt es sich dabei um eine Geschichte, die jedes Zeitalter nach ihren Bedürfnissen umschreibt. In jüngerer Zeit wurde er beispielsweise zum Grundelement der großen politischen Skandalgeschichte – das, nachdem man solchen Affären jahrzehnte-, wenn nicht jahrhundertelang kaum Aufmerksamkeit gewidmet hatte. Nachdem man den Politikern unmoralisches Verhalten von jeher straffrei durchgehen ließ, wurde ihnen dieses Privileg mit einem Mal gestrichen. Wieso eigentlich?

Eine Folge (wenn nicht eine Ursache) war, dass sich so Gelegenheit bot, Tabufragen über die herrschenden Regeln des Intimlebens in die gesellschaftliche Diskussion zu bringen – beispielsweise wie

---

* Ketzer sind natürlich immer interessant – und Ketzergerichte dienen dazu, ihre Ansichten auf den Prüfstand zu stellen (vgl. Carlo Ginzburg, *Der Käse und die Würmer*, eine einzigartige Fallstudie über einen mittelalterlichen Ketzer und die Faszination, die er auf die Inquisitoren ausübte).

gut oder schlecht die Leute überhaupt damit zurechtkommen. Dass die Institution der Ehe als unbefriedigend empfunden wird, daran kann kein Zweifel bestehen. Die Zahl gescheiterter Ehen ist hoch und wächst ständig. Ebenso klar ist, dass die Gründe für diese Unzufriedenheit nicht öffentlich diskutiert werden können. Das ist verständlich, wenn man das Netzwerk gesellschaftlicher Institutionen betrachtet, die sich wie ein Kartenhaus auf dem wackligen Fundament der trauten Zweisamkeit erheben – was nichts anderes bedeutet, als dass weite Bereiche unserer Gesellschaft auf dem Treibsand des Unbewussten errichtet sind, und damit nicht zuletzt große Teile des Wirtschaftslebens. Die Misserfolgsgeschichte der Langzeitehe, wie sie sich aus der letzten amerikanischen Volkszählung ablesen lässt, zeigt uns eine gesellschaftliche Institution im Übergang. Niemand weiß, wohin die Reise geht. Die vernünftigste Reaktion wäre, diese Veränderungen in allen Entscheidungen der Politik und des Sozialwesens zu berücksichtigen, was aber anscheinend nicht möglich ist. Stattdessen sind wir mit gewählten Volksvertretern gesegnet, die in der Öffentlichkeit Moral predigen und ihre eigene Unzufriedenheit mit dem Ehestand privat ausleben. Man könnte meinen, das ganze Thema wäre irgendwo an den Rand des Unbewussten verlagert worden, wo es den Bürgern in Zweipersonenstücken von Politikern in ihrer ganzen Blöße als absurdes politisches Theater dargeboten wird. Aber nimmt es bei all der Verstörung und Missbilligung, die sich um diese Angelegenheit ranken, Wunder, wenn sie nur ab und zu einmal ins öffentliche Bewusstsein rückt, wie ein chronischer Hautausschlag oder eine peinliche Nervenkrise? Oder soll es uns vielleicht überraschen, dass es hierüber zum Skandal kommt, jenem beliebten Gesellschaftsritual, in dem sich offene Geheimnisse äußern und in dem ein Sündenbock abgestraft wird, während wir anderen ungeschoren davonkommen und so der Bruch zeitweise gekittet wird? Der Skandal ist die perfekte Verpackung, in der sich derlei Widersprüche in Umlauf bringen lassen. Mehr dazu später.

Fassen wir zusammen. Unter den schwierigen (und wichtigen) Fragen, die uns die ehebrechenden Denker und lebenslustigen Politiker aufgeben, ist auch die folgende: Wie viel Lustverzicht verlangt uns die Gesellschaft ab, und welche Belohnungen hält sie im Austausch bereit? Der Ehebrecher antwortet darauf in der ehrwürdigen Tradition des radikalen Sozialkritikers: »Zuviel.« Oder auch: Bindet uns die Macht der Arbeitsethik an die Zweisamkeit und ihre Fron, oder ist es das Ethos der trauten Paarbeziehung, das uns an eine seelenlose Arbeitswelt fesselt? Darüber steht die Entscheidung noch aus.

Der Ehebruch ist freilich nicht ohne seine immanente Widersprüchlichkeit zu haben. Besonders herausstechend: Wohin stürzen sich denn all die Verächter der Verehelichung und Ehe-Entfesselungskünstler mit aller Entschlossenheit und List? Richtig, sie stürzen sich ... in die *Liebe*. Hier regiert eben das Unbewusste und daher ein entsprechender Grad von Unlogik. (Oder wie Laura zu Alec in *Flüchtige Begegnung*, dem Klassiker zum Thema Untreue, sagt: »Ich liebe dich aus ganzem Herzen und aus ganzer Seele. Ich möchte sterben.«)

Also bitte, lesen Sie die folgenden Seiten im Geist der Toleranz.

Wenn wir den Ehebruch als Sitzstreik gegen jene Ethik betrachten, die aus der Liebe Arbeit macht, dann dürfen wir aber nicht vergessen, dass einiges an Abschreckung aufgefahren wird, um dergleichen Aufmüpfigkeit im Keim zu ersticken. (Denken wir auch an das Schicksal früherer Arbeiterrevolten, als man die Nationalgarde auf Streikende schießen ließ, um deren Zweifel an ihren wunderbaren Arbeitsplätzen zu zerstreuen.) Es versteht sich von selbst, dass eine gesellschaftliche Programmierung, die etwas so Freudloses wie Arbeit an der Liebe durchsetzen will, auch einer Truppe entschlossener Einpeitscher bedarf, um ihre finstere Botschaft zu vermitteln. Man nennt sie heutzutage »Therapeuten«. Ja, wir müden, von Widersprüchen zerfressenen, niedergedrückten Massen der Unbefriedigten betteln nun öfter in diskret schalldichten Therapieräumen um ein glücklicheres Bewusstsein. Ein ganz neuer Dienstleistungssektor verdankt seine kostspielige Existenz der wunderbaren Vorstellung, Widersprüche seien heilbar, »Erachsenwerden« bedeute die Anpassung an die herrschenden Umstände und das Bedürfnis nach Rebellion sei zwar eine neurotische Störung, lasse sich aber überwinden.

Eine Therapie bringt die Mühseligen und Beladenen erst so richtig auf Trab! Sie hassen Ihren Chef? Sie fühlen sich ausgebrannt, leer und unzufrieden? Man beklagt sich über Ihren mangelnden Einsatz? Ganz gleich, ob »in der Beziehung« oder »bei der Arbeit«, schnurstracks zum Therapeuten damit, aber dalli! Die gute Nachricht ist, dass es nur zwei mögliche Diagnosen für all diese modernen Wehwehchen gibt, wie alte Therapiehasen wissen: Entweder Sie haben ein »Beziehungsproblem« oder ein »Autoritätsproblem«. Die schlechte Nachricht ist, dass Sie bald eine Verdoppelung Ihrer Leiden feststellen werden, verlangt doch die Kur von Ihnen nur eins: dass Sie »härter an sich arbeiten«. Oft hört man, ein Land habe die Politiker, die es verdient – vielleicht gilt das auch für seine Therapeuten?

Freilich, nach Freud – der vermutlich als Theoretiker mehr geleistet hat denn als Therapeut (er hat seine Patientinnen manchmal sehr in die Enge getrieben) – ist die Lust von Natur aus regressiv, asozial und *unheilbar*, weshalb sie in unserem kleinen irdischen Drama schlicht jede Rolle übernehmen kann (und weshalb man mit ihr auch soviel Spaß hat.) Die Lust torpediert sämtliche wohldurchdachten Pläne und Lebensentwürfe. Das Leben ist nun einmal mehrdeutig und findet sich nicht mit den Ersatzangeboten dessen ab, was Freud ein wenig süffisant »›kulturelle‹ Sexualmoral« nannte.* Doch über Freud erging schon vor langer Zeit der Bannspruch der konformistischen Therapie, die ihn wegen seiner Verbrechen gegen Anstand und Empirie kollektiv geächtet hat. (Philip Wylie: »Leider haben die Amerikaner, das verklemmteste

* War Freud nun ein Ehebrecher oder nicht? Wahrscheinlich nicht, auch wenn Peter Swales, eigenwilliger Historiker der Psychoanalyse, einer von jenen, die ihn gerne von seinem Sockel stürzen würden, es sich zur Lebensaufgabe gesetzt hat (und diese Sockelstürzer sind nicht faul) zu beweisen, dass Freud und seine Schwägerin Minna Bernays ein Verhältnis hatten.

Volk der Welt, nicht von Freuds Weisheit profitieren können, weil sie *beweisen* können, dass sie im Großen und Ganzen nicht mit ihren Müttern schlafen.«) Lassen Sie sich also lieber nicht therapieren, wenn Sie nach tiefen gesellschaftlichen Erkenntnissen suchen – oder überhaupt irgendwelche Zusammenhänge verstehen wollen: Was Ihnen hier verkauft wird, ist »Selbsterkenntnis«. (Nur ein Zyniker könnte auf den Gedanken kommen, dass es sich hier um eine schöngefärbte Sozialisationstherapie handelt.) Unter der Vormundschaft Ihres freundlichen Therapeuten werden Sie bald begreifen, dass all diese maßlosen Begierden ihre Wurzeln in Entbehrungen und Traumata der Kindheit haben, die zu schwachem Selbstwertgefühl oder einer anderen Fehlentwicklung geführt haben, weshalb Sie unfähig sind, echte Beziehungen einzugehen. Die suchen Sie nun dort, wo sie nicht zu bekommen sind, hauptsächlich außerhalb Ihrer Ehe. (Bilden Sie sich bloß nicht ein, dass es etwa die gesellschaftlichen Normen sind, die einer Runderneuerung bedürften – nein, mein Herzchen: Es geht um Sie.) Konflikte im Reich der Lust bringen unbewältigte Anteile des Ichs zum Vorschein, verschüttete Schätze aus Kindheitserinnerungen oder Traumata, die auszugraben viele Jahre, regelmäßige Therapiesitzungen und eine Stange Geld kostet. Sträuben Sie sich bloß nicht! Je länger Sie sich dagegen wehren, desto länger wird es dauern, und um so mehr wird es Sie kosten – in 45-Minuten-Häppchen und zu einem Tarif, der weit jenseits des Durchschnittsverdiensts liegt. Schön nur, dass Sie bald eine positivere Einstellung zu sich finden und mit Ihren Wünschen und Konflikten ins Reine kommen – falls doch nicht, können Sie mit ein paar Pillen nachhelfen. Geschätzte dreißig Millionen Amerikaner, also jeder zehnte, haben schon einmal Antidepressiva geschluckt, die von den Ärzten offenbar wie Kamellen unters Volk gestreut werden. »Schöner leben dank Chemie« lautet die beliebteste Lösung gesellschaftlicher Fragen. Sagen Sie Ihrem Sexualleben einfach ade.*

---

* Der Harvard-Psychiater Joseph Glenmullen, Autor des Buchs *Prozac Backlash*, schätzt, dass bis zu sechzig Prozent derer, die Prozac und verwandte Antidepressiva nehmen, als Nebenwirkung Beeinträchtigungen ihrer Libido erfahren.

Auch die Kultur wird nicht müde, uns die offizielle Linie einzubläuen. Ihre allgegenwärtige Propaganda bombardiert unsere Psyche zu jeder Tages- und Nachtzeit mit der immergleichen Botschaft. Millionenfach prasseln Bilder verliebter Paare von Kinoleinwänden, Fernsehbildschirmen, Plakatwänden und aus Zeitschriften auf uns ein, um uns mit Gewalt an Bord des Traumschiffs zu zerren. Jede nur verfügbare halbwegs ebene Fläche preist uns die Liebe an. Unser Gehorsam gegen diese launenhafte Despotin geht so weit, dass unsere Künstler leidenschaftliche Oden auf ihre Grausamkeit verfassen. Das Publikum konsumiert mit wachsender Begeisterung Massenspektakel der abgedroschensten und einfallslosesten Art, die ihm immer gleiche Liebesqualen auftischen. Bereitwillig macht es sein hart verdientes Geld locker, um sich von dumpf propagandistischen Filmen hinreißen zu lassen, die die Macht der Liebe bejubeln und jede Lebenshoffnung mit dem Versprechen ihrer flüchtigen Befriedigung verknüpfen. Doch wenn es ein Zeugnis vom Triumph des menschlichen Geistes sein soll, sich der Liebe zu verschreiben, oder wenn es einfach nur der menschlichen Natur entspricht, selbst wenn es schlicht »normal« wäre, wozu dann dieser gigantische Werbeaufwand? Warum muss die Bevölkerung derart bearbeitet werden?

Was hat es nur mit der modernen Zweierbeziehung auf sich, dass es solcher Gewaltanstrengungen bedarf, angefangen bei der verlogenen Moral der Arbeitsethik über die Beschwörungen der Therapeuten und Eheberater bis zu den Einflüsterungen der Unterhaltungsindustrie, alles offenbar zu dem Zweck, eine aufmüpfige Bevölkerung bei der Stange halten? Würden denn ohne solche taktischen Maßnahmen alle Kaninchen aus dem Stall hoppeln, sobald sich die erste Euphorie gelegt hat und die Gefühle sich allmählich abnutzen? (Genauer gesagt, würden sich noch mehr als die gegenwärtig fünfzig Prozent aus dem Staub machen?) Bekanntlich soll sich ja die »reife Liebe« als wundersame Rettung einstellen, wenn sich das Verliebtsein verflüchtigt, aber ist nicht gerade sie das Problem? Reife Liebe, das klingt irgendwie nach Gebisshaftcreme. Klar, sie soll zusammenhalten, was zusammengehört, und es ist unschön für alle Beteiligten, wenn sie versagt. Leider gibt es aber Dinge, die kein Kleber mehr zusammenbringt, ganz gleich, wie dick man ihn aufträgt.

Die heute übliche Paarbeziehung steckt voller Widersprüche, und wenn man den Umfragen glauben darf, ist sie ein Auslaufmodell. Aber muss einen das Wunder nehmen? Auf der einen Seite das Verlangen nach Intimität, auf der anderen der Wunsch nach Autonomie; einerseits der Komfort und die Sicherheit der Routine, andererseits sterbenslangweilige Vorhersehbarkeit; hier die Befriedigung, von jemandem wirklich gekannt zu werden (und jemanden wirklich zu kennen), dort die Zwangsjacke der Rollenerwartungen, die durch solche Vertrautheit entstehen – das Repertoirestück, das Paare miteinander aufführen; die ewig gleichen Streitereien; die Langeweile und die Erstarrung, die sich weder in diesem noch in einem anderen Leben überwinden lässt und die schließlich in die bekannten Schablonen gerinnt: »Hör auf, an mir rumzunörgeln«, »hör auf, mich für dein Unglück verantwortlich zu machen«. (Der Schriftsteller Vince Passaro ist überzeugt: »In der heutigen Mittelschicht dürfte es kaum eine Ehe geben, in der nicht regelmäßig Zorn aufkommt.«) Ganz abgesehen vom Phänomen der *Regression*, denn natürlich haben Sie sich einen Elternteil (oder auch dessen genaues Gegenteil) als Partner ausgesucht, und nun quälen oder vernachlässigen Sie Ihren Partner auf dieselbe Weise, wie einst Ihr Vater oder Ihre Mutter es Ihnen angetan hat, Sie wiederholen mit ihm die Szenen, denen Sie als Kind hilflos ausgesetzt waren – oder Sie führen sonst ein Familiendrama auf, an dem die Therapeuten jahrelang herumrätseln. Unter diesen Umständen kommt man mit einer Erfolgsrate von fünfzig Prozent ganz gut weg (wenn man eine Langzeitbeziehung als »Erfolg« definiert).

Man kann die Geschichte der modernen Liebe aber auch anders erzählen. Nehmen wir an, dass jede Gesellschaft zur Sicherung von Konsens und Kontinuität genau diejenigen Charakterstrukturen und Persönlichkeitstypen hervorbringen muss, die nötig sind, um ihr eigenes Fortbestehen zu sichern, und aus diesem Grund werden die Bedürfnisse der Bevölkerung den gesellschaftlichen Erfordernissen angepasst. Diese Erfordernisse müssen den fraglichen Individuen (uns also) nicht unbedingt bewusst sein, sie erleben die daraus resultierenden vorgestanzten Gefühle als echt und tief empfunden.

Nehmen wir den modernen Konsumenten (ein ganz willkürlich herausgegriffenes Beispiel). Sehnsüchte in Konsumverhalten zu kanalisieren ist natürlich für den Fortbestand einer Konsumgesellschaft unerlässlich – Bürger, die lieber bumsen als shoppen wären Sand im Getriebe der Wirtschaft. Oder nehmen wir besser noch den modernen Depressiven. Was für ein Segen wäre doch ein solcher Typus für die Pharmaindustrie und die Harmonie produzierende Branche. Dies sind natürlich rein hypothetische Annahmen, schließlich besteht unsere Gesellschaft doch nicht nur aus Konsumenten und Depressiven, und wer behauptet schon, es sei für Letztere die beste Therapie, sich dem Konsum hinzugeben – »Wohlfühlkaufen«, wie der Stadtmensch sagt.

Vielleicht wäre es aber gesellschaftlich wünschenswert, in der Bevölkerung einen gewissen emotionalen Stillstand zu kultivieren? Weil es der Gesellschaft Vorteile bringt, wenn die Leute ihre Enttäuschung wie die tägliche Dosis Valium hinunterschlucken und sich von der Möglichkeit einer Veränderung so bedroht fühlen, dass sie freiwillig auf die Anarchie der Lust verzichten, so dass die perfekte soziale Harmonie mühelos erreicht wird? Vorteile für eine Bevölkerung fleißiger Utilitaristen, die hart und immer härter arbeiten und dabei alle größeren gesellschaftlichen Fragen (Ist das *wirklich* so vorteilhaft, wie behauptet wird?) beiseite schieben oder verunglimpfen, zumal man ohnehin nichts dazu zu sagen hat.

Einige unserer pessimistischeren Denker haben vorgebracht, dass es einen funktionalen Zusammenhang zwischen gesellschaftlichen Erfordernissen und dem Innenleben des Einzelnen gibt. Dazu zählen die Sozialtheoretiker der Frankfurter Schule. Sie haben den Aufstieg des Faschismus in Deutschland aus nächster Nähe beobachtet und Verbindungen zwischen einem autoritärem

Persönlichkeitstypus, den Familienstrukturen, aus denen er hervorgeht, und den politischen Folgen konstatiert. Nach Wilhelm Reich, einem von der klassischen Lehre abgefallenen Psychoanalytiker, besteht der einzige Sinn der Zwangsinstitution Ehe darin, jenen unterwürfigen Persönlichkeitstypus zu erzeugen, den die Massengesellschaft benötigt. Mit Freud war er sich darin einig, dass die Unterdrückung sexueller Neugier zu geistiger Verkümmerung und zum Verlust der Fähigkeit zur Auflehnung führt. (Eine Ansicht, die allerdings wenig Zustimmung finden wird, denn falls sie zutrifft, dürfte die geistige Verkümmerung verhindern, dass man den Mangel bemerkt.) Eine Variante dieser Theorie besagt, dass gesellschaftliche Strukturen – nicht anders als ökonomische – sich aus bereits vorhandenen Persönlichkeitstypen entwickeln. Der Kapitalismus selbst ist ohne das Vorhandensein gewisser Charaktere nicht denkbar. So wäre er nach dem Soziologen Max Weber ohne die Vorarbeit der protestantischen Askese nicht möglich gewesen. Der Kapitalismus konnte nur erfolgreich sein, weil er in der Blütezeit des Calvinismus seinen Aufschwung nahm. Er brachte erst die opferbereiten Persönlichkeiten hervor, die wenig Mühe hatten, sich in die kapitalistische Arbeitsmoral zu schicken.* Persönlichkeitstypen werden weiterhin nach Bedarf zurechtgestutzt: Das Aufkommen des Konsumkapitalismus erfordert es, den Produktivitätsdruck mit einem Zuckerguss von Hedonismus zu verschönen, am besten so, dass sich dieser Hedonismus in Konsum kanalisieren lässt. Das Ergebnis kann sich sehen lassen: Eine Gesellschaft fröhlicher Shopaholics, für die Einkaufen nicht nur die beliebteste Freizeitbeschäftigung darstellt, sondern auch identitätsstiftend ist.

Vielleicht haben wir aber auch eine besondere Neigung, uns der Unterdrückung zu fügen? So jedenfalls sah es Freud, ihr verstän-

---

* Weber, der den Begriff »Arbeitsethik« geprägt hat, war selbst ein fleißiger Ehebrecher. Das späte Erwachen seiner erotischen Neugier beeinflusste nach Aussage seines Biografen die Richtung seines späteren Werks (das viele für sein bestes halten) über die Konflikte zwischen Erotizismus und anderen Formen mystischer Religiosität und dem Prozess der Rationalität. (Ja, das ewige Dilemma des Ehebruchs.)

digster Chronist. Ohne ein gewisses Mindestmaß an Repression ist eine Zivilisation nicht überlebensfähig: Würden wir uns nach Lust und Laune die Köpfe einschlagen, welche Energie bliebe dann übrig, eine Kultur in Schwung zu halten? Aber nachdem wir eine Kultur erreicht und halbwegs sicher auf die Beine gestellt haben, treiben wir es dann nicht ein wenig weiter als nötig, wenn wir auch noch »zusätzliche Repression« über uns ergehen lassen, wie das Herbert Marcuse, ebenfalls Mitglied der Frankfurter Schule, nennt? Kann es sein, dass wir ein wenig Angst vor unserer eigenen Freiheit haben? Jedenfalls treffen die repressiven Kräfte bei ihrem Vormarsch in unser Alltagsleben auf keinen nennenswerten Widerstand. Und was heißt hier überhaupt Widerstand? Eher bekommen sie noch die koketten Blicke und das scheu einladende Lächeln, mit dem manche *Mademoiselles* die faschistischen Besatzungstruppen begrüßten. »Was für hübsche Schaftstiefel Sie haben, Monsieur.« Nachdem die brave Bevölkerung diesen repressiven Tendenzen einen so warmen Empfang bereitet hat, trumpfen sie erst richtig auf und treten ungeniert in der Verkleidung gesellschaftlicher Charakterrollen auf: Als »Profi«, als »Zuchtmeister«, als »Chef« oder als »Leistungsexperte« marschieren sie in Reih und Glied im Takt der aktuellen Erfordernisse des Tages. Schauen Sie sich nur Ihre Freunde und Nachbarn an, wie sie zu Hause und in ihrer Freizeit schuften, unter dem Kommando ihres inneren Feldwebels (des Kollaborateurs, den wir in uns tragen), der ihnen unablässig stille Befehle erteilt. »Reiß dich zusammen!« »Benimm dich wie ein Erwachsener!« »Sei realistisch!« »Ran an den Speck!« »Keine Zeit vertrödeln!« So entwickeln wir eine Psyche, für die Repressionen ihre eigenen Reize besitzen. Wie *tugendsam* fühlt es sich doch an, wenn man Verspieltheit gegen Strebsamkeit, Freiheit gegen Autorität und all die anderen vagabundierenden Lüste gegen »reifes« Verhalten wie »Beziehungsarbeit« eingetauscht hat.

Rebellen, wir? Eher doch sind wir abgerichtete Pudel, die Männchen machen und nach Lobesworten und Hundeleckereien japsen. Fragen nach der Freiheit sind so gründlich aus dem politischen Diskurs getilgt worden, sie klingen heute so altbacken und lächerlich, dass man sie mit einem peinlich berührten »Das ist so sechzigermäßig!« abtut. Das Jahrzehnt der Aufmüpfigkeit ist inzwischen derart durch den Kakao gezogen worden, dass gesellschaftlicher Protest nur noch bizarr erscheint, einfach »von vorgestern«, eine Geschmacksverirrung wie billiger Perlenschmuck und Nehru-Jackets. Nein, dieser Gesellschaftsordnung droht keine Rebellion. Doch für den Fall der Fälle sollten sämtliche Spuren der Freiheit (oder ihre traurigen Reste, die die brutale Sozialisation der Kindheit übrig gelassen hat) vor dem Eintritt in das Lustschloss der ehelichen Zweisamkeit unter die Lupe genommen werden. Sofern Sie Eintritt begehren, natürlich. Und wer von uns tut dies nicht – denn wer könnte schon gegen die Liebe sein?

Aber nur zum Spaß ein kleines Gedankenexperiment. Überlegen wir mal, was die wirksamste Art von gesellschaftlicher Kontrolle wäre. Gewiss kein Soldat an jeder Straßenecke – zu teuer, zu auffällig. Wäre es nicht elegant, für Ruhe im Karton zu sorgen, indem man die Gesellschaftskontrolle nahtlos mit den individuellen Bedürfnissen verknüpfte, so dass kein Unterschied zwischen beiden spürbar wäre? Hier haben wir das politische Wesensmerkmal der westlichen Demokratie: Es gelingt ihr höchst effizient, einen Typus Mensch zu schaffen, der sich so vollkommen mit den Erfordernissen der Gesellschaft identifiziert, dass er sich ihnen mit Haut und Haar verschreibt. Aber ... *wie* meistert man eine solche Aufgabe? *Welche* geheimnisvolle Kraft oder bewusstseinsverändernde Droge könnte die gesamte Bevölkerung zu einer solch totalen gesellschaftlichen Integration bewegen, ohne dass sie es selbst überhaupt merkt oder auch nur leisen Protest äußert?

Was, wenn dies gerade durch die *Liebe* erreicht würde? Wenn die Liebe, dieses unergründliche, schillernde Phänomen, diese wankelmütigste und unentrinnbarste aller menschlichen Erfahrungen, die der Seele Weisheit und Schönheit eröffnet, auch jenes besondere Elixier wäre, das, so paradox es klingen mag, den Verzicht bewirkt? Paradox wäre dies in der Tat, ist es doch allein die Liebe, die den meisten von uns zu ihren Lebzeiten einmal aus größerer Nähe einen Blick auf Utopia gewährt (im Notfall kann man auch auf Sex und Drogen zurückgreifen). Unsere utopischen Sehnsüchte vor den Karren der Gesellschaftskontrolle zu spannen wäre eine Glanzleistung der modernen Regierungstechnik. Die Liebe gleicht der Superdroge Soma, die Huxley in *Schöne neue Welt* beschreibt: »Euphorisierend, narkotisierend, angenehme Halluzinationen weckend ... Alle Vorzüge des Christentums und des Alkohols ohne deren Nachteile.«

Alles, was das Bewusstsein zu verändern vermag oder in Richtung Utopie geht, wird in industrialisierten Gesellschaften strenger Regulierung unterworfen (Sex und Drogen beispielsweise). Wir neigen dazu, uns Sorgen zu machen, ob die Menschen damit vernünftig umgehen können. Was, wenn sie die Wirtschaft bremsen! Also halten wir solche Güter knapp und umstellen sie mit Verboten, machen sie also gefährlicher und haben dann auch gleich eine neue Rechtfertigung, sie unter gesellschaftliche Aufsicht zu stellen.

Wie alle luststeigernden Drogen steht die Liebe unter scharfer Kontrolle. Wir mögen zwar glauben, dass wir lieben, wie es uns gefällt, frei wie die Vögel und Schmetterlinge, aber es gibt einen unerschöpflichen Kanon an gesellschaftlichen Vorgaben, die uns erklären, was die Liebe ist, was wir mit ihr anfangen sollen und wie, selbst wann. Machen wir uns nichts vor: Verhaltensregeln für die Liebe gibt es wie Sand am Meer, während ihr offiziell nur wenige Ausdrucksformen gestattet sind. Die Schlusskatastrophe, auf die das Drama der Liebe zusteuern soll, die Ehe, hat selbstverständlich der Staat unter seine Kontrolle gebracht. Er übernimmt hier die Rolle des gütigen Apothekers, der das Suchtmittel gegen Rezeptvorlage dosiert unters Volk streut. (Es gibt natürlich immer Schlimmeres: Den anderen Junkies bleibt nichts übrig, als vor den Ambulanzen in der Kälte Schlange zu stehen und auf die Ausgabe ihrer kleinen Pappbecher zu warten. Die Ausgabe der Liebe erfolgt wenigstens mit ein wenig Pomp und Zeremoniell.) Natürlich wird niemand wirklich in eine Zwangsjacke gesteckt und zum Jawort gezwungen, und nicht alle, die sich lieben, erwerben zuvor einen staatlichen Erlaubnisschein. Trotzdem ist der Anteil derer, die sich beugen, beeindruckend. Wozu aus der Ehe eine Zwangsinstitution machen, wenn der inoffizielle Druck so wirkungsvoll ist, dass heutzutage selbst die Schwulen – einst Vorreiter der freien Liebe und Verächter des weißen, heterosexuellen Lebensstils – ebenfalls ihren staatlichen Heiratssegen einklagen? Wie wäre es denn, diese Lebensform wieder einmal in Frage zu stellen und ihre Voraussetzungen neu zu überdenken? Was ist daraus geworden, schlicht zu fordern, dass gesellschaftlicher Wohlstand und Privilegien nicht nach Maßgabe des Ehestandes verteilt werden sollten? Nein, die Schwulen wollen *auch* ihre Ehe haben! (Zugegeben, es ist nicht einfach, über Alternativen nachzudenken, da die Verschränkungen von Liebe und Wohlverhalten sozusagen das Rückgrat des modernen Menschen bilden, jedes Jota Selbstwertgefühl und Identität daran hängen, einschließlich zahlreicher Versicherungsleistungen.)

Nehmen Sie doch einfach mal sich selbst als Beispiel, schwul oder hetero, Männlein oder Weiblein, die Sie es in den Ehestand (oder eine funktionale Entsprechung) geschafft haben, vollständig domestiziert, in Treue eingeschworen und die Krallen gezogen. Ein wohlerzogenes Haustierchen. Doch halt: Meldet sich da nicht eine leise nörgelnde Stimme am Rand Ihrer Behaglichkeit? Sie ist einfach nicht zum Schweigen zu bringen, auch nicht durch ernste Ermahnungen. *»Soll das etwa alles gewesen sein?«*, fragt uns diese Stimme. Nun, vielleicht nicht, aber kommen Sie bloß nicht auf dumme Gedanken, das Eheüberwachungssystem ist auf Draht, es wird sie im Keim ersticken, bevor sie sich überhaupt entwickeln können – es zerquetscht sie wie widerliches Ungeziefer.

Sicher, wir wissen alle, was Eifersucht ist. Offenbaren nicht alle wackligen Herrschaftssysteme ihre Unsicherheit, indem sie mit Argusaugen die Treue ihrer Untertanen überwachen, stets sprungbereit, falls jemand die Exklusivität dieser Bindung in Frage stellen sollte? Jedes Herrschaftssystem braucht Informationen für seinen Erhalt, weshalb der kluge Untertan immer damit rechnen sollte, beobachtet zu werden – man weiß zwar nie, von wem, aber eine

Akte wird bestimmt geführt. Langjährige Partner beherrschen das Spielchen »guter Bulle – böser Bulle« so virtuos wie abgebrühte FBI-Agenten. *»Sag es mir einfach, ich verstehe dich doch ... WAS hast du getan?!»* Kaum ist Verdacht geweckt, schrillt der Beziehungskrisenalarm. Von diesem Moment an ist einfach alles erlaubt, was die Treue des Partners sichert. Und da wiederum einfach alles Verdacht erregen kann, ist »präventive Ehepolitik« die beste Wahl: Treuetests, Fangfragen, Psychofolter und sorgsam gesetzte Knüffe und Püffe, die keine sichtbaren Spuren hinterlassen. (Auch Privatdetekteien sind eine Option. Auf Wunsch schickt die Agentur *Check-a-Mate* in Manhatten attraktive Lockvögel aus, um Ihren Partner auf die Probe zu stellen, und erstattet Ihnen anschließend ausführlich Bericht über den Erfolg.)*

Klar, es ist einfach, mit betrogenen Partnern Mitgefühl zu empfinden: Gedemütigt sind sie, unbegehrt, sie werden dick und haben eigentlich besseres verdient. Die Frage, warum jemand Sie betrügt oder verlässt, kann niemals zureichend beantwortet werden (Probleme im Bett, vermutlich). Es ist wirklich die Hölle, wenn man merkt, dass die Leute schon über einen reden, dass Freunde wussten, wovon man keine Ahnung hatte, und dass jemand Fremdes sich in Ihr Revier geschlichen und dort gewildert hat. Selbst wenn Sie gar nicht mehr soviel Lust auf Sex mit Ihrem Partner haben, ist es doch bitter, dass jemand anderes ihn begehrt. (Allerdings führt diese Erkenntnis gelegentlich auch zu einem Wiederaufflackern der Lust: Die Eifersucht kann ein ziemlich heißes Ehelager bereiten.)

Aber mal eine Frage an unsere Ehedetektive, die sich durch Kreditkartenabrechnung wühlen, E-Mail-Passwörter knacken, sich in der Kunst üben, lautlos den Hörer des Zweittelefons abzuheben,

---

* Nicht zu vergessen die Möglichkeiten, die uns der Fortschritt der Technik bietet. Die Website Adulteryandcheating.com verspricht, Partner auf Abwegen mit Satellitenüberwachung und Nachspionieren im Cyber Space dingfest zu machen. Spezielle Läden bieten Software an, die, von eifersüchtigen Partnern auf dem heimischen Computer installiert, die E-Mails und aufgerufenen Websites zur späteren Nachkontrolle aufzeichnet.

Kondome nachzählen oder den Diaphragma-Behälter überprüfen: Was versprechen Sie sich eigentlich davon? Wenn Sie solche Nachforschungen betreiben, dann kennen Sie doch im Grunde schon die Antwort, oder? Und wenn Sie dieses Mal nichts finden, sind Sie dann etwa bereit, die Sache aufzugeben? Wohl kaum! Verdacht macht süchtig, und manchmal zahlt er sich auch aus. Schließlich haben Sie die Rechtschaffenen auf Ihrer Seite, und auf die Einhaltung gegebener Versprechen darf man pochen, verdammt nochmal. Ein Treueschwur *bindet.* Sie wollen Sicherheit, und natürlich wollen Sie Liebe – wollen wir das nicht alle? Aber notfalls geben Sie sich auch mit Gehorsam zufrieden, und wenn alle Stricke reißen, kann man es immer noch mit einem Ultimatum versuchen. Sie merken natürlich auch, wenn Sie belogen werden (der Unterschied zwischen »merken« und »nicht merken« in solchen Angelegenheiten würde allerdings genug Stoff für ein weiteres Buch bieten), und wie sollten Sie Ihren Partner nicht dafür hassen, dass er Sie zu solch würdeloser Schnüffelei zwingt?

Nun kommen wir zu dem schwächsten Glied im Hochsicherheitstrakt der langjährigen Beziehung: der nicht auszurottenden *Lust.* Sie ist ein vagabundierendes und chaotisches Phänomen, sie gehört zu unserem Wesen, und ein »Nein« schreckt sie nicht unbedingt ab, besonders dann nicht, wenn man es mit einem attraktiven und nicht einmal unzugänglichen Liebesobjekt zu tun hat, bei dem man sich seit langem endlich wieder einmal *lebendig* fühlen darf. Da spielt es dann keine Rolle mehr, dass von Ihnen erwartet wird, dergleichen Affekte in die »geeigneten« Kanäle zu leiten, und einfach alles (Der Bestand der Gesellschaft! Der Staat! Ihr Ruf als anständiger Mensch!) davon abhängt, dass Sie mitspielen. Doch Verzicht schmerzt, besonders wenn er schwerer wiegt als die Belohnung, die er einbringt, beispielsweise wenn sich einfache Monogamie, wie es unter solchen Bedingungen unvermeidlich ist, in *verschärfte Monogamie* verwandelt: mehr erzwungene Unterwürfigkeit denn freier Ausdruck von Lust (oder »repressive Befriedigung«, um Marcuses treffenden, auch heute noch brauchbaren Ausdruck zu verwenden). Das Problem ist, dass wir uns vielleicht doch nicht wie genügsame Arbeitsbienen verhalten, wenn unsere Lust ins Spiel kommt, und vielleicht auch gar kein Konsens darüber herrscht, auf ein Mittel zum Zweck reduziert zu werden, und schon gar nicht, wenn der Zweck die überstrapazierte Plattitüde des gesellschaftlichen Zusammenhalts ist, was immer das sein soll. Und das würde bedeuten? Dass wir alle die richtigen Gefühle hervorkehren sollen, um verkrustete Gesellschaftsstrukturen aufrecht zu erhalten, so wie Kühe ihre Milch produzieren oder Maschinen Gummidichtungen ausspucken?

Aber wenn man so anfängt, wo soll das enden? Das ist eben das Problem mit der Unzufriedenheit – sie bringt die Leute auf »Gedanken«. Kritische womöglich. Was erst nur ein Funken ist, wird bald zu einem Verlangen, dann zu einem flüchtigen Wunsch, schließlich zu einem schüchternen Gedanken: *»Vielleicht ist das doch nicht alles gewesen.«* Die ganze lästige Geschichte mit den Gewerkschaften und den Arbeitern, die auf einmal Forderungen zum Beispiel nach kürzerer Arbeitszeit stellten, hat auch nicht anders angefangen: Ein paar Unruhestifter hatten es satt, wie Maschinen behandelt zu werden, die Sache zog immer weitere Kreise, und bald schon hatte sie sich zu einer Bewegung ausgewachsen. Der Wunsch nach »mehr« ist ein erster Schritt in Richtung politisches Denken, so sehen es jedenfalls die Politologen, und aus dem Denken können leicht Forderungen erwachsen. Für Ernst Bloch ist der Wunsch nach mehr der Anfang allen utopischen Denkens. Die Philosophie der Utopie beginnt für ihn zu Hause – sie erwächst aus den unscheinbarsten Empfindungen von Lust und Vergnügen, sogar aus unseren Tagträumen, in denen wir mühelos Hindernisse niederreißen und die tägliche Plackerei überwinden. Das utopische Denken findet immer eine Möglichkeit, falls nötig, tarnt es sich auch und erscheint dort, wo man es am wenigsten vermutet. Oder auch direkt vor unserer Nase, steckt doch utopisches Denken in allem, was uns die Möglichkeit eröffnet, eine andere Weltsicht zu entwickeln. Für einen Querkopf wie Bloch war das Schlimmste nicht Verlust von Sicherheit, sondern Verlust der Fähigkeit, sich vorzustellen, dass alles auch anders sein könnte.

Und wir? Wenn die Philosophie der Utopie zu Hause beginnt, wenn der utopische Gedanke tief in jenen kleinen, gelebten Manifestationen des Vergnügens, unseren Sehnsüchten, unserer Freude, dem Spiel und der Liebe, in der Übertretung von Grenzen und dem Widerstand gegen Plackerei und Arbeit begraben liegt, nun ... Fremdgehen jedenfalls ist *keine* Arbeit, nicht wahr? Es handelt sich eher um ein persönliches Experiment, wie das Verhältnis von Liebe und Arbeit anders gefasst werden könnte, eine improvisierte Neufassung der gesellschaftlichen Formel von Belohnung und Verzicht, aber auch zum Testlauf für die heikelste aller verbotenen Fragen: *»Könnte nicht alles auch ganz anders sein?«* Nein, es ist vielleicht nicht besonders durchdacht oder überhaupt nur ausformuliert, aber was sonst steckt hinter diesen flüchtigen kleinen Fantasien und Widerstandsakten – den Affären, dem Ausleben der kurzlebigen Sehnsüchte und Wünsche – als der Versuch, wenigstens einen flüchtigen Eindruck davon zu erhaschen, wie sich »das Andere« anfühlen könnte? (Nicht dass Sie meinen, hier sollte dem Ehebruch das Wort geredet werden! Der natürlich auch keinerlei Fürsprache nötig hat. Es strömen ihm täglich neue Jünger zu.)

Klar, Ehebruch ist keine feine Sache. Doch Betrug regiert die Welt, Selbstbetrug eingeschlossen. Wer nicht weiß, was er tut, dem glaubt man bald nicht mehr, und wer ausschließlich in der Gegenwart lebt, hinterlässt oft tränenreiche Katastrophen. Aber was wird den Ehebrechern nicht alles vorgeworfen: »Unreife« (man mag sich der gesellschaftlich geforderten Repression nicht fügen); »Egoismus« (man will nicht für das große Ganze arbeiten – im von Privatunternehmen dominierten Amerika eine seltsame Anforderung); »Ungeschliffenheit« (man wird den Erwartungen der Mitmenschen nicht gerecht). Oder die von Moralaposteln besonders gern ausgeteilte Backpfeife: »Damit tut man anderen so weh!« (Als ob amputierte Gefühle keinen Schmerz bereiteten.) Es stimmt schon, wenn die Unzufriedenheit der Massen sich in einem Streik, einer Rebellion, einem Aufstand oder einem Staatsstreich entlädt, kommt auch mal jemand zu Schaden: Achtung, scharfkantige Pflastersteine und fliegende Trümmer! Doch dass man beim Ehebruch gleich an alle Schandtaten denkt, die der meuternde Staatsbürger zu begehen bereit ist, zeigt auch, in welchem Ausmaß die Ehe für den willfährigen Staatsbürger einen Kasernenhof darstellt, wo ihm Resignation und Duckmäusertum eingebläut werden. Der Partner spielt dabei den Spieß, und wer nicht zackig genug vor den bestehenden Verhältnissen salutiert, riskiert Stockhiebe – manchmal auch die unehrenhafte Entlassung.

Ein schöner Anblick ist all dieser Streit um Lust und zersplitterte Treue nicht: gebrochene Versprechen, vagabundierendes Verführertum, emotionale Unzuverlässigkeit, und all das ziemlich misslich auf dem Floß chronischer Unzufriedenheit zusammengedrängt und in Gefahr, an der Felsküste der Verzweiflung zu zerschellen. Widersprüchliche Gefühle, so weit verbreitet sie sein mögen, sind nicht nach jedermanns Geschmack. (Besonders dann nicht, wenn sie einem entgegenbracht werden. Betrogene Partner in aller Welt: Unser Mitgefühl ist euch gewiss.) Widersprüchliche Gefühle können zu Resignation verblassen, und wenn man bereit ist, sich mit allem abzufinden, kann man das als Happy End werten. Widersprüchliche Gefühle könnten allerdings auch darauf hinweisen, dass wir als Glieder der Gesellschaft erheblich an der Unveränderlichkeit der Verhältnisse leiden. Verständlich – wer hat denn schon gelernt, damit umzugehen? Und wenn wir uns nicht mit Haut und Haar in die gesellschaftlichen Institutionen schicken, die wir vorfinden, wer hat denn schon eine Ahnung, wie man es anders machen könnte, und warum man sich überhaupt mit ihnen abgeben soll, wenn es Alternativen gibt? Leider ist auch die Vorstellung, es könnte »etwas Besseres« geben, mittlerweile derart ins Lächerliche gezogen worden, dass sie kaum noch das Bewusstsein erreicht und folgerichtig hauptsächlich in traumähnlichen Zuständen auftaucht: Wenn man verliebt ist, oder wenn man sich an privaten utopischen Experimenten wie dem Ehebruch versucht (oder dergleichen aus zweiter Hand bezieht, aus Liebesschnulzen oder Mythen und Legenden). Schließlich können wir uns die Bedingungen nicht aussuchen, wenn wir schon Geschichte machen wollen, und unser Privatleben ist so ziemlich das einzige

Gesellschaftsexperiment, an dem wir uns versuchen können, hier in unserem Teil der Welt, wo die Konsumgüter und technischen Neuheiten kaum auf den Markt geworfen, schon veraltet sind, während die gesellschaftlichen Strukturen so unerschütterlich sind wie urzeitliche Felsformationen.

Bevor Sie nun aber in die Achterbahn des Ehebruchs einsteigen, ein paar besonnene Worte. Halten wir uns stets vor Augen, dass leidenschaftliche Liebe selbst in den allerbesten Fällen mit einem hohen Maß an Fehleinschätzung gekoppelt ist (sie ist das Freudsche Musterbeispiel schlechthin); daraus folgt, dass wir Statisten im Ehedrama erst recht den Überblick verlieren, ohne Sinn und Verstand durchs unkartierte Land der Ungewissheit stolpern. Unser Mangel an Selbsterkenntnis geht dabei mit der Lust an der Lüge eine fruchtbare Verbindung ein. Wir alle laufen Gefahr, im Strudel der Gefühle und Begierden zu versinken. Eben haben wir noch geglaubt, wir könnten die unübersehbaren Warnungen in den Wind schlagen und auf dem Wellenkamm reiten, schon sind wir in der Bredouille und werden fortgespült. Gut, Sie haben sich vorgenommen, sich nicht zu tief einzulassen, Sie wollten nur Ihren Spaß haben, doch bevor Sie es selbst richtig merken, hat Sie schon eine mächtige Welle wie aus dem Nichts gepackt, und Sie ringen nach Luft, den Mund voller Sand. (Übersetzung: Sie sind verliebt, oder Sie sind besessen, und das nicht von Ihrem Partner; Ihr Leben ist außer Kontrolle geraten, vielleicht haben Sie schon immer darauf gewartet, so für jemanden zu empfinden – kurz, Sie stecken mächtig in der Tinte.)

Also aufgepasst, Baby – nur wenige unüberlegte Schritte, ein bisschen zuviel Offenherzigkeit zu später Stunde, und schon steht die Tür sperrangelweit offen. Was als kleine Affäre begann, hat sich plötzlich zu einer ernsten Sache ausgewachsen. Der Ersatz ist auf einmal wichtiger als das, was er kompensieren sollte. Ungeplante Enthüllungen haben die Angelegenheit möglicherweise ans Licht gezerrt, vielleicht haben sich auch Ihre »inneren Widersprüche« irgendwie unangenehm körperlich geäußert und ließen sich nicht mehr übersehen. Schlaflosigkeit. Migräne. Herpes. Verdauungsbeschwerden. Herzrasen. Sexualstörungen. (Manchmal spielt der Körper einfach nicht mit, schon gar nicht auf Befehl.) Dann muss man Entscheidungen treffen. Entscheidungen, die Sie mit Ihrer Unentschiedenheit im Endstadium und Ihrem tief eingewurzelten Schuldgefühl gar nicht treffen können. Magentabletten helfen nicht. Die Arbeit beginnt zu leiden. Ihr Psychiater beschränkt sich auf: »Was meinen Sie dazu?« Aber zu was? Liebe ist auch ein Weg, die ursprüngliche Frage zu vergessen. Man benutzt die Liebe, um der Liebe zu entkommen, sucht sie anderswo, um ihrem Mangel zu Hause abzuhelfen – das ist, als würde man rauchen und gleichzeitig ein Nikotinpflaster tragen: gleich zwei Systeme zur Zufuhr der Droge, ohne die Sie im Moment nicht auszukommen glauben, selbst wenn dies aller Wahrscheinlichkeit nach eines Tages tief in Ihrem Innern irgendeine Katastrophe auslösen wird.

Für eine eindrucksvolle Polemik gegen die Liebe würde es eigentlich reichen, schonungslos das fahrige und großspurige Verhalten jener Unglücklichen vorzuführen, die ihr verfallen sind: ihre Anfälle und Übertreibungen, ihr unschlüssiges Verhalten, ihre unklaren Sehnsüchte, ihr ständiger Wechsel zwischen Selbstzweifel *(»Was mache ich da eigentlich?«)* und absoluter Sicherheit *(»Du bist die Einzige!«)*, ihre unablässige Suche nach dem Unbekanntem, das alles verändert. Eine solche Polemik würde wohlgeordnet all die Stolpersteine, Kompromisse, das Hin und Her darstellen, all das, was gefühlt, aber nicht verstanden wird; sie würde die Zwickmühle beleuchten, in die man gerät – zwischen Ehepartner und neuer Liebe oder zwischen rivalisierenden Erzählweisen derlei konfliktgeladener Geschichten, die sämtlich mit ihrem eigenen verlockend schwülen Vokabular aufwarten: Gesellschaftstheorie und Liebesschnulze, Marx und Freud, Utopie und Pragmatismus, Parodie und Rührstück. »Entscheide dich für jemanden und komm zur Ruhe«, raten die Leute. Doch was, wenn Sie sich einfach bei der Untreue ertappen, obwohl Sie sich doch beherrschen wollten, weil Sie ja schließlich wissen, dass man so etwas nicht tut? Ja, ihr treulosen Clownsfiguren da draußen, die ihr auf der

Jagd nach dem Unerreichbaren über eure großen Latschen stolpert, wohl wissend, dass euer Vorhaben zum Scheitern verurteilt ist, soviel ihr unterwegs nach Belieben die Regeln ändert, auch uns Polemiker reizt die Promiskuität, die intellektuelle allerdings, die Hast und das blinde Risiko, und wir werden zu Außenseitern (oder lassen uns auslachen), weil wir es für berechtigt halten, sich die Dinge auch einmal anders vorzustellen.

Aber für alle, die sich ein wenig frustriert fühlen und über eine kleine Spritztour auf der Straße der Erneuerung nachdenken: Wägen Sie Ihre Entscheidungen sorgfältig ab. Vergessen Sie nicht, dass sämtliche Liebesausbrüche abseits ausgetretener Pfade immer noch verächtlich als »Betrug« oder »Midlife-Crisis« gebrandmarkt werden, wohingegen jene, die sich an die Regeln halten, von der Gemeinschaft in dem rituellen Kostümschinken aus der Traumfabrik »Ehe« mit Champagner und teuren Geschenken gefeiert werden. (Die Teilnehmer werden dazu ausstaffiert wie der Landadel einer Fantasie-Epoche: Das Spielen unnatürlicher Rollen stellt in diesem Initiationsritus einen Test dar, inwieweit die Hauptpersonen sich auf gesellschaftliche Erwartungen einlassen können; zugleich lässt sich daraus ihre Entschlossenheit ablesen, das bis ans Ende ihrer Tage durchzuziehen.)

Lesen Sie das Buch nicht bloß als Polemik, sondern auch als Klagelied für all die fremdgehenden Clowns, die ihre Tränen in sich verschließen, für unsere privaten Experimente und schäbigen Utopien. Der Klageliedmodus erlaubt traditionell eine gewisse Maßlosigkeit, legen Sie also etwas Verve in Ihre Trauer – oder lassen Sie wenigstens Nachsicht walten mit den billigen Kompromissen und Ersatzbefriedigungen, mit denen sich die Klasse der Unbefriedigten im täglichen Leben abgibt. So viele plagen sich mit einem traurigen, freudlosen Leben ab, in treuer Pflichterfüllung verzichten sie auf alle ausschweifenden Wünsche und mit ihnen auf jede Hoffnung, dass die Welt mehr zu bieten haben könnte, als sie es gegenwärtig tut – falls jemand den Mut aufbrächte, dafür zu kämpfen, die Gespenster der Unfreiheit zu besiegen samt der rituellen

Schuldzuweisungen und nicht zuletzt die selbstgezüchteten Schuldgefühle, die auf dem Fuße folgen.

Doch hüten Sie sich auch vor den verführerischen und gefährlichen Ködern der Ehebrecher, die wie Piratenschiffe auf der Lauer liegen, um sich jeden ungehüteten Schatz an Gefühl und Lust unter den Nagel zu reißen; die prahlerisch wie Schwertkämpfer mit ihren Versprechungen herumfuchteln und damit jedem Zweifel den Garaus machen. Hat man je einen verführerischeren Verführer, einen freibeuterischeren Freibeuter gesehen als einen liebesdurstigen Menschen, der ein Objekt möglicher Inbrunst erspäht? *(»Vertraue mir, alles wird gut.«)* Doch an alle Freizeitutopisten und Ehe-Entfesselungskünstler, die an ihrem Wunsch nach einer mutigeren Persönlichkeit, einer anderen Zukunft oder besserer Liebe nicht festhalten, die sich nur einige wenige kurze Augenblicke der Selbsterneuerung und des Vergnügens stehlen konnten, bevor sie einen Tritt bekamen und schuldbewusst und geknickt in den häuslichen Gulag zurückgekrochen kamen; die gelernt haben, was Verdrängung heißt, sich in den langsamen Tod der »Reife« geschickt haben (in der herrschenden Gefühlsökonomie zieht man das Risiko der Stagnation dem Risiko der Veränderung vor): Wir trauern um euch. Und legen maßlos große Blumengebinde auf eure Gräber.

Kapitel Zwei

Der häusliche Gulag

Ehebruch ist die eine Variante, aus den Fesseln der Zweisamkeit auszubrechen; eine andere Möglichkeit ist Mord. (Keine von beiden soll hier als *Lösung* vorgeschlagen werden.) Die Regelmäßigkeit, mit der solche Fälle von Gattenmord in die Schlagzeilen gelangen, lässt darauf schließen, dass entnervte Ehe- und Liebespartner, Exmänner und Exfrauen zuweilen lieber einen endgültigen Schlussstrich ziehen, als sich der Unbill einer Scheidung oder den Mühen der Eheberatung auszusetzen – die Gewalttat scheint oft der einzige Ausweg aus der frustrierenden Sackgasse des gemeinsamen Lebens und dem emotionalen Dickicht zu sein, in das die Beziehung geraten ist. Von den ersten Tagen voller Ungestüm und Herzklopfen (die kleinen Geschenke, die albernen Anrufe) zum Schusswaffenkatalog, vom siebten Himmel in die Vollzugsanstalt, vom Optimismus des seelischen Gleichklangs zur Unmöglichkeit jeglicher Kommunikation: »häusliche Gewalt« ist ein derart verbreitetes Phänomen, dass es in der jährlichen Verbrechensstatistik eine eigene Rubrik füllt, die zur besseren Übersicht noch in verschiedene Varianten mit und ohne Todesfolge untergliedert ist.

Wir alle gehen natürlich davon aus, dass dergleichen grausige Dinge immer nur den anderen passieren. Aber logisch betrachtet muss *irgendjemand* letztlich die unglückliche Rolle des »anderen« spielen. Trifft es Sie? Trifft es mich? Möglich, dass wir unabsichtlich etwas gesagt oder getan haben – oder vielleicht auch absichtlich (denn schließlich weiß niemand besser, wie er einen Menschen zum Ausrasten bringt, als der Partner) –, was just in diesem Augenblick unseren innerlich schon angeknacksten Lebensgefährten darüber nachdenken lässt, wie er unsere Leiche in einem Gartenhäcksler zerkleinert oder uns und die Kinder niedersticht und das Verbrechen dann irgendwelchen vagabundierenden Strolchen anhängt, oder ob er den Job FBI-Beamten anträgt, die sich ein Zubrot als Killer verdienen? Das ergibt dann all die wahren Geschichten, die unter der Schlagzeile »Ehedrama« oder »Er galt als vorbildlicher Familienvater« zu lesen sind. (Bekanntlich wirken sie ja immer ganz normal, bis sie durchdrehen, fragen Sie die Nachbarn: *»Er war ständig draußen und hat den Wagen gewaschen. Ich habe mir nichts dabei gedacht, aber im Nachhinein kommt es mir doch verdächtig vor.«*)

In den Buchläden wäre nur wenig Literatur über wahre Kriminalfällen zu finden, wenn es in unserer Mitte nicht all die einfallsreichen mordenden Ehepartner gäbe. Würden »Morde, die das Leben schrieb« überhaupt als Genre existieren, wenn nicht von den düsteren Details der tödlichen Liebe eine solche Faszination ausginge? Morde an Stars oder im Kreis der Reichen und Schönen wecken stets Interesse und liefern den Stoff, aus dem Schlagzeilen sind – am besten, wenn sie auch ein bisschen schmutzigen Sex oder wenigstens unglaubwürdige Alibis enthalten. Ein neueres Beispiel: Der abgehalfterte Fernsehschauspieler, der einen Bodyguard beauftragt haben soll, seine Frau auf einem Parkplatz vor einem Restaurant im Studiogelände zu erschießen. Das Paar hatte gerade dort gegessen, dann war der Mann noch einmal ins Lokal zurückgekehrt, um seine dort vergessene Pistole zu holen. (Pistole? Hätte es nicht eine ... Brieftasche sein können?)

Fälle über gewöhnliche Leute aus der Provinz haben ihren eigenen Reiz, zum Beispiel bieten sie Anlass für kunstvolle Überschriften: »Mann umgebracht, Frau unter Verdacht« reimte die *New York Daily News*. Bei den zahlreichen Ehegattenmorden unter Durchschnittsbürgern ist es interessant, welche Fälle von den Presseagenturen aufgegriffen und damit vom Lokalverbrechen zum nationalen Ereignis aufgewertet werden. Meist handelt es sich hier um Geschichten mit einer ironischen Note oder schrulligen Typen, die manchmal so sehr an Satire – der Mann, der im Internet annoncierte: »Suche Mörder für meine Frau« – oder abgedroschene Witze erinnern, dass der reale Todesfall, um den es dabei geht, leicht in Vergessenheit gerät. (Ehegattenmord hat häufig eine unerklärlich witzige Komponente, sofern man die Beteiligten nicht kennt.) Im texanischen Irving tötete eine Frau, die fünf Zentner auf die Waage brachte, ihren Ehemann, indem sie sich im Streit auf ihn setzte, so dass er erstickte. In Washington, D.C., wurde eine erfolgreiche Autorin von Liebesschnulzen von ihrem Mann, einem Anwalt, ermordet. (Wer kann umhin, sich ihn groß, dunkelhaarig und gutaussehend zu denken?) In New York wurde ein Rabbi verurteilt, der ein Schäfchen seiner Gemeinde beauftragt hatte, seine Frau zu töten; von Gewissensnöten getrieben offenbarte sich schließlich keineswegs der Geistliche, sondern der Killer.

Auch die »häusliche Gewalt ohne Todesfolgen« übt eine makabre Faszination aus. Da wird verstümmelt – eine sonst unterwürfige Ehefrau aus Virginia greift zum Schlachtermesser, um ihrem Gatten sein bestes Stück abzuschneiden. Da wird entstellt – ein unglücklicher junger Mann im New Yorker Stadtteil Queens bezahlt drei Männer, die seiner Freundin Lauge ins Gesicht schütten, als sie mit ihm Schluss machen will. (Voller Narben und teilweise erblindet gab sie ihm aus nicht nachvollziehbaren Gründen das Jawort, als er vierzehn Jahre später aus dem Gefängnis kam; fünfunddreißig Jahre später stand sie zu ihm, als der inzwischen Siebzigjährige drohte, seine 42-jährige Geliebte zu töten, die kurz zuvor eine fünf Jahre währende Affäre beendet hatte.) Man versucht es mit Gift – eine Methode, auf die vor allem Frauen gerne zurückgreifen, zum Beispiel mit Frostschutzmittel, Unkrautvertilger oder Oleandertee (mit Vorsicht zu genießen, führt sicher zum Tode). Ja, es kommt sogar zu ergreifenden Szenen, wie etwa der *Ottawa Citizen* zu berichten weiß: »Ehemann erklärt, Beilattacke ist kein Scheidungsgrund«. (*»Ich liebe sie immer noch, mir ist alles gleich. Selbst wenn sie durchdreht und mir die Kehle durchschneidet, ich liebe sie. Ich gebe sie niemals auf.«*) Da werden Rachegelüste befriedigt – ein gewisser ehemaliger New Yorker Bürgermeister gibt seine Scheidungsabsichten vor der Presse bekannt, bevor er seine Frau informiert. Leider fehlen in der Kriminalstatistik Fälle von psychischer Gewalt und nicht strafbare Taten ohne Todesfolge: Beschimpfungen, Rufmord, emotionale Erpressung und der tagtägliche Kleinkrieg (der häufig um die Kinder kreist) und all die anderen Spielarten des weniger feinen Paarverhaltens in unserem Umkreis.

Sollte man die Liebe vielleicht nur mit Beipackzetteln in Umlauf bringen: »Liebe kann süchtig machen und Ihre Lebenserwartung verkürzen«? (Oder: »Ihre Würde und Ihr Selbstwertgefühl beeinträchtigen«?) Sollte das Leben zu zweit als hochriskante Betätigung eingestuft werden, weil es die ihm Verfallenen regelmäßig zu extrem antisozialem Verhalten und zu ausgefallenen Gräueltaten anstiftet? Oder weil man dabei Gefahr läuft, selbst Opfer dieser Taten zu werden? Zuweilen kommen auch Trennungswillige nicht ungeschoren davon. Man denke an den bekannten Diätarzt aus Scarsdale, den seine durch Diätpillen kopflos gewordene Freundin, eine Schulleiterin, niederschoss, als er etwas mit einer Krankenschwester anfing. Oder an die ältere Dame der besseren Gesellschaft von San Diego, die ihren Exmann und dessen junge Braut im Schlaf ermordete. Oder an einen berühmt-berüchtigten ehemaligen Footballer, der zum Filmstar wurde und schließlich wegen Mordes an seiner Frau vor Gericht stand.

Kulturelle Erklärungen für die allgegenwärtige Gewalt und Aggression in der Partnerschaft sind meist nicht besonders aufschlussreich. Am häufigsten wird die Theorie vom schwarzen Schaf bemüht, aber offensichtlich haben wir es mit ganzen Herden schwarzer Schafe zu tun und nicht mit Einzelexemplaren. Wer bessere Gründe sucht, psychologisiert gerne und zieht die Verwandtschaft von Liebe und Hass oder Eros und Aggression heran. Auch die feministische Analyse sanktionierter männlicher Gewalt gegen Frauen erscheint hilfreich. (Obwohl in der Regel Frauen die Opfer häuslicher Gewalt werden, bleiben auch Männer nicht verschont: Im Jahr 1998 wurden in den Vereinigten Staaten etwa 160 000 Männer Opfer tätlicher Angriffe ihrer Partnerin.) Aber es gibt noch eine andere bedenkenswerte Erklärung: Vielleicht sind diese sozialpathologischen Verirrungen der Liebe die unvermeidliche

Folge der gesellschaftlichen Konventionen des Liebeslebens, von denen wir nicht lassen wollen und die wir täglich befolgen. Die zynische Variante dieser Position wäre, die Liebe sei an sich ein Ding der Unmöglichkeit. Mit einem Schuss Optimismus könnte man es auch so deuten, dass lediglich die Konventionen ein Ding der Unmöglichkeit sind. Man darf jedoch nicht vergessen, dass Freud die allgemeinen psychischen Mechanismen aus der Beschäftigung mit Hysterikerinnen und Neurotikern ableitete; vielleicht begreifen auch wir die normalen Bedingungen der Zweisamkeit besser, wenn wir die missglückte Liebe unter die Lupe nehmen.

Sich verlieben, das bedeutet nach dem herrschenden System nicht nur, sich an einen Menschen zu binden, es heißt, sich auf bestimmte emotionale Tauschgeschäfte und Kompromisse einzulassen, von denen einige besser, andere weniger gut funktionieren. Man geht allgemein davon aus, dass sich zu verlieben eine Bindung an die *Bindung* bedeutet. Das scheint selbstverständlich, ist es aber nicht. Andere soziale Normen könnten etwas vollkommen anderes nach sich ziehen: alljährlich erneuerbare Verträge zum Beispiel. Und wenn wir uns nicht emotional unter das Joch der überkommenen Gepflogenheiten beugen würden, so dass der Versuch, andere Formen des Liebeslebens ins Auge zu fassen, undenkbar, ja absurd scheint, wer weiß, welche anderen Optionen sich bieten würden?

Trotz aller Lobeshymnen auf die Paarbindung, sie gestaltet sich nicht immer als segensreiche Erfahrung. Betrachten wir die allgegenwärtige Gewalt in Partnerschaften. Das Problem ist keineswegs ein Mangel an Bindung, viel mehr wird sie hier zu weit getrieben: Wäre man weniger gebunden, könnte man aussteigen. Aber die emotionalen Geschäfte, die wir abschließen, sind zählebig, und kaum einer schafft es, eine unumgänglich gewordene Trennung durchzuziehen, ohne sich blutende Seelenwunden zuzufügen. Denn nach den geltenden Spielregeln sind wir als Liebende verpflichtet, miteinander zu *verschmelzen*. Und wenn diese Verschmelzung aufgelöst werden muss, wird das Ego tief erschüttert –

eine traumatische Erfahrung. Die Angst, nicht mehr geliebt zu werden, ist so vernichtend, dass fast jeder zu allem bereit ist, um diesen Verlust zu verhindern, vor allem wenn nicht wir es sind, die gehen. Und da das Ego nun einmal dazu geschaffen ist, das Trauma abzuwehren, und die Sorge sein Frühwarnsystem darstellt (das seiner Aufgabe leider nur schlecht gerecht wird), wird uns mit der neuen Liebe auch neue Sorge zuteil – die sich nach außen hin meist höchst bezaubernd als Eifersucht, Unsicherheit, Kontrollverhalten (die Liste lässt sich beliebig erweitern) zeigt. In manchen Fällen äußert sie sich auch in Gewalt – die Reaktion eines emotional überlasteten Systems. Ein Ego, das einen Verlust befürchtet – seien die Warnsignale real oder eingebildet –, ist kein schöner Anblick.

Vielleicht entsteht das Problem überhaupt erst, wie Freud und seine Schüler immer wieder vertreten haben, weil Liebe unter Erwachsenen niemals ganz das typisch menschliche Gefühl von Trennung und Verlust beschwichtigen kann, das die Suche nach Liebe überhaupt erst in Gang setzt. Die Sorge ist aus dem Abenteuer der Liebe nicht wegzudenken, und dazu noch unheilbar. Wir mögen noch so eifrig der Liebe huldigen, das lästige Gespenst des Verlusts beherrscht die Szene. Eins, zwei, drei, schon erliegen wir wieder der quälenden Verlockung durch eine verlorene imaginäre Ganzheit, die wir im bewundernden Blick des Geliebten zu sehen glauben oder im »Typ«, den wir schätzen, oder in den romantischen Situationen, die wir ständig neu inszenieren. Immer wieder hoffen wir, dass das zerbrechliche soziale Sicherheitsnetz, dem wir uns verschrieben haben – Monogamie, Häuslichkeit, Reife –, unsere Sorge lindert; dass »Sicherheit« oder »Bindung« (oder die Kinder, das Haus) sich als brauchbare Heilmittel erweisen, selbst wenn die hässlichen unter den Teppich gekehrten Befürchtungen eine andere Geschichte erzählen.

Aus George Cukors *The Marrying Kind:*
Scheidungsrichter: Was haben Sie sich von der Ehe versprochen?
Florence: Was ich nicht bekommen habe.

Für die Sorgen und Befürchtungen einer Gesellschaft besonders aufschlussreich ist das Lexikon der Liebeskrankheiten. Ganz oben auf der Liste unserer Kultur müssten Diagnosen wie »Unreife« oder »Bindungsunfähigkeit« stehen, die all jenen verpasst werden, die sich weigern, paarweise aufzutreten, sei es, weil sie sich dem ehelichen Glück überhaupt entziehen oder einen der üblichen Fluchtwege benutzen, die seit langem in Gebrauch sind: Eigenbrötelei, Ambivalenz, »Herumstromern«, Scheidung. Für uns moderne Liebende ist *Reife* kein deprimierendes Merkmal vorzeitiger Vergreisung und des bevorstehenden Verfalls; für uns ist Reife eine stolze Leistung, die das Selbstwertgefühl steigert und einen befähigt, zu lieben und geliebt zu werden. (Aber ist nicht dieses Getue um die Reife an sich schon lusttötend? Kommen die Jahre der Vergreisung nicht früh genug? Immerhin heißt die Monatsschrift des Amerikanischen Verbands der Menschen im Ruhestand *Modern Maturity,* »Moderne Reife« – ein Anreiz mehr, diesen beneidenswerten Status anzustreben. Die Anzahlung für das Doppelgrab kann man gar nicht früh genug leisten!) Das Gebot, in den Zustand der Reife zu treten – frei übersetzt: Hypothek mit dreißig Jahren Laufzeit, wachsender Bauchumfang und geschrumpfte Libido – liegt offenbar in der alles beherrschenden Sorge der modernen Liebe begründet, einem strukturellen Widerspruch von den Ausmaßen des San-Andreas-Grabens, von dem unglücklicherweise unser emotionales Wohlergehen vollständig abhängt – nämlich von der Hoffnung, dass der Zustand des Verliebtseins und die sexuelle Anziehungskraft zwischen zwei Menschen ein Leben lang währen, so sehr die harten Fakten auch das Gegenteil beweisen.

Stets optimistisch, ungestüm der Utopie der Liebe anhängend, gehen die meisten Menschen schließlich den Bund ein, der im Erfolgsfall wesentlich länger hält als das Verlangen, auf dem er gründete. Weise Eulen versprechen, dass der Kurzlebigkeit des sexuellen Verlangens durch das Wunderelixier der »reifen Liebe« genau rechtzeitig abgeholfen wird, sobald das Verlangen nachlässt. Unbeantwortet bleibt dabei die Frage, ob die Absage an andere Möglichkeiten der romantischen und erotischen Liebe – solange noch eine leise Chance besteht, sie statt der gedämpfteren Freuden der »reifen Liebe« zu bekommen –, nicht der freiwilligen Amputation eines gesunden Beins gleichkommt: Man braucht viel Betäubungsmittel, und der Phantomschmerz legt sich nie ganz. Aber wenn es einer Gesellschaft richtig erscheint, ihren Bürgern einzureden, dass der Wunsch nach Abwechslung persönliches Versagen bedeutet, ein Neuanfang eine Schande und das Verlangen nach tieferer Befriedigung einfach unerhört ist, dann sind grausige Akte der Selbstverstümmelung nicht zu vermeiden.

Interessant ist, dass die Langlebigkeit der Liebe nicht immer so optimistisch beurteilt wurde, noch wurde die gesellschaftliche Stabilität zu allen Zeiten davon abhängig gemacht, dass sie ihr Verfallsdatum überdauert. Für die Griechen war die Liebe eine verstörende und daher vorzugsweise kurze Erfahrung; das Ziel der Ehe war ein geordneter, gut organisierter Haushalt und nicht das Seelenheil oder die Selbstverwirklichung der Partner. In der Welt der höfischen Minne war gelebte Liebe sowieso verboten und endete meist tragisch. Leidenschaft bedeutete Leiden, das Happy End gehörte noch nicht zu den kulturellen Phantasmen. Zur Zweisamkeit als ewigem Ideal heißt es in *De Amore et Amoris Remedio* (Abhandlung über die Liebe und die Heilmittel dagegen), einem Ratgeber aus dem 12. Jahrhundert: Wenn man den oder die Geliebte zu oft sehen und sprechen könne, würde das der Liebe sicherlich Abbruch tun. Die neue Idee der glücklichen Liebe kam im Vokabular der Romane bis ins 17. Jahrhundert gar nicht vor; vor dem 18. Jahrhundert – als die Familie noch vor allem Wirtschaftszelle und nicht Treibhaus unerfüllter Bedürfnisse war – waren Ehen Geschäftsverbindungen zwischen zwei Familien, bei denen die Beteiligten wenig zu sagen hatten. (Leidenschaft erlebte man *außerhalb* der Ehe.) Die Ehefrau war Besitz des Mannes, und der Ehebruch durch die Frau eine Verletzung seiner Besitzrechte, schlimmer noch, die Untreue störte die geordnete Weitergabe von Eigentum durch Erbschaft. Erst durch den Aufstieg des Bürgertums – dessen Macht nicht mehr auf Landbesitz und ererbtem Reichtum beruhte – konnte sich die Liebesheirat durchsetzen. Mit anderen Worten, Liebesehen wurden gesellschaftlich akzeptiert, nachdem sie für die herrschende Klasse keine ökonomische Bedrohung mehr darstellten.

Geschichten kann man immer so oder so erzählen, und die Historiker werden sich nie einig, aber aus allen Überlieferungen geht hervor, dass unseren Vorfahren in Liebesdingen dieser spezielle Ehrgeiz fremd war – wenigstens widmeten sie nicht alle Kraft dem Projekt, eine flüchtige Erfahrung über ihre Haltbarkeitsdauer hinaus auszudehnen oder sie zur Grundlage einer langfristigen Beziehung zu machen. Liebesqualen haben wohl schon immer existiert, und gelegentlich zahlten unerschrockene Vorläufer der romantischen Leidenschaft einen hohen Preis. Pierre Abélard, der Geliebte der Héloise, berichtet: »Sie schnitten mir jene Teile meines Körpers ab, mit denen ich die Tat begangen hatte, die sie missbilligten.« Aber die Darstellung der Liebe als einzigartige individuelle Erfahrung setzt die Existenz des modernen Individuums voraus – mit all seinen ausgesprochen modernen Eigenschaften wie Selbstreflexion und Innerlichkeit: Wir alle haben eine wehrhafte und unverwechselbare Persönlichkeit, die auf Streifzügen über Moor und Feld nach dem einen geliebten Gegenüber sucht, das unsere ganz speziellen seelischen Bedürfnisse erfüllt – Konzeptionen des Selbst, die, wenn man Historikern glauben darf, vor dem Ausgang des 17. Jahrhunderts wenig galten. Nicht wenige Historiker halten unsere Version der romantischen Liebe sogar für ein erlerntes Verhalten, das erst Ende des 18. Jahrhunderts in Mode kam, und zwar zusammen mit der neuen Sitte der Romanlektüre – der Roman selbst war noch eine junge literarische Gattung, die eigens dafür geschaffen schien, all die verborgenen Spalten und Klüfte der gerade aufkeimenden Individualität zu erforschen. Andere neue Genres – vor allem die Autobiografie – trugen auch ihr Scherflein bei. (Auch der erzkonservative Allan Bloom gibt Rousseau die Schuld an allem, weil er die bürgerliche Liebe als Heilmittel für die emotionale Leere im Zentrum einer durch Selbstkontrolle und Gesetze geregelten Gesellschaft sah und damit die Liebe zur seelenrettenden Erfahrung erhob.)

Nichts tun wir lieber, als unsere verzwickte emotionale Lage in längst versunkene Epochen zu projizieren und Kostümschinken mit mittelalterlichen Bauern oder biblischen Kurtisanen zu entwerfen, die ähnlich wie wir von Sehnsüchten und verqueren Begierden gepeinigt werden; wir versetzen uns in ihr Gefühlsleben und analysieren ihre Motive mit dem postfreudianischen Scharfblick des lebenslänglich Analysierten. Dennoch sollten wir wenigstens die fundamentalen sozialen Unterschiede in Betracht ziehen, durch die sich die Strukturen des vormodernen Lebens auszeichneten: zum Beispiel das völlige Fehlen einer Privatsphäre vor dem 18. Jahrhundert (der Historiker Phillipe Ariès: »Bis zum Ende des 17. Jahrhunderts war niemand je sich selbst überlassen«) oder die völlige rechtliche Unterordnung der Frau unter den Mann. Und dann wäre da noch die Sexualität. Wie die Literaturwissenschaftlerin Ruth Perry zeigt, zählt auch der sexuelle Ekel zu den Erfindungen des 18. Jahrhunderts: Als Charlotte Lucas in Jane Austens Roman *Stolz und Vorurteil* mit Mr. Collins eine Vernunftehe eingeht und später mit ihren Freundinnen darüber spricht, deutet nichts darauf hin, dass es bei einem Mädchen Ekel auslösen könnte, mit einem abstoßenden Mann das Bett zu teilen. Der springende Punkt ist, dass Sex damals nicht dieselbe psychologische Resonanz hatte wie für die moderne Psyche: Physischer Abscheu vor dem Geschlechtsverkehr mit der falschen Person wurde eine erlernte, gesellschaftlich vermittelte Reaktion. Mehr noch, er wurde ein wirksames Werkzeug der sozialen Steuerung, denn sobald er internalisiert ist, tritt die Psychologie der Monogamie als selbstauferlegtes System in Kraft. Wie Perry schreibt: »Wenn Frauen das sexuelle Eigentum eines Mannes und nur eines Mannes bleiben sollten, musste man ihnen beibringen, Ekel vor körperlichen Beziehungen mit anderen Männern zu empfinden« – was darauf verweist, dass die Psychologie der Sexualität in stärkerem Maß historisch bedingt ist, als wir glauben möchten.

Aber vielleicht hat sich ja manches weniger geändert, als wir wahr haben wollen. Dass arrangierte Ehen auf diesem Teil des Globus nicht mehr an der Tagesordnung sind, gilt uns als Zeichen von Fortschritt und Aufklärung (in letzter Zeit auch als Propaganda für die Moderne, wenn wir politisch gegen den Islam punkten wollen). Aber so sehr der Glauben, wir seien völlig frei in unserer Partnerwahl, unserem illusionären Gefühl der Unabhängigkeit schmeichelt, erweist sich diese Vorstellung bei näherer Betrachtung doch als ziemlich fadenscheinig. Die wirtschaftliche Vernunft wurde nicht gleich über Bord geworfen, als junge Leute begannen, sich den Mann oder die Frau ihres Herzens selbst auszusuchen, statt das den Eltern zu überlassen; sie hat sogar ebenso großen Einfluss wie eh und je. Ungeachtet der vermeintlichen Freiheit wählt die Mehrheit der Bindungswilligen einen Partner, der ihnen erstaunlich ähnelt – im Hinblick auf wirtschaftliche Situation, gesellschaftlichen Rang, Bildung und Rasse. Das heißt, wir entscheiden uns für »passende« Partner, und wir kalkulieren genau, was sie zu bieten haben, wobei alle Beteiligten abschätzen, wie sie auf dem freien Markt abschneiden, und ihren eigenen Marktwert ebenso gut kennen wie den ihres zukünftigen Partners. (Dazu gehört natürlich auch das Aussehen. Sehen Sie sich die Fotos bei den Heiratsanzeigen einmal genauer an – Sozialpsychologen haben das bereits getan und ihre Schlüsse gezogen –, und Sie werden feststellen, dass buchstäblich jedes Paar hinsichtlich der körperlichen Attraktivität ganz genau zusammenpasst.) Kratzt man den romantischen Lack ab, sind wir hartgesottene Realisten, ausgerüstet mit Taschenrechner, Greifzirkel und Vergrößerungsglas. Das eigentlich Neue an der modernen Liebe, so die Soziologin Eva Illouz, beruht auf der Tatsache, dass die Einstufung von Partnern nach materiellen und sozialen Gesichtspunkten heute in die Psychologie der Liebe und der unbewussten Strukturen des Verlangens eingegliedert ist, so dass die Menschen nun die ökonomische Vernunft, die früher von den Eltern vertreten wurde, verinnerlicht haben, und sich »aus freien Stücken« in einen Partner verlieben, mit dem sie – zufällig – auch einen guten Griff tun. (Eine Heirat unter Wert ist die Ausnahme, obwohl bestimmte Vorzüge durch andere ersetzbar sind – wie wir alle wissen, schnappen sich recht häufig hässliche reiche Männer schöne Frauen und umgekehrt.) Dennoch wird die ökonomische Vernunft bei der Partnerwahl inzwischen dank der öffentlichen Sprachregelung längst nicht mehr so offen diskutiert wie einst, und um dafür zu sorgen, dass sie auch weiterhin totgeschwiegen wird, greifen wir auf logikferne Begriffe wie »Chemie« oder »es hat gefunkt« zurück, weil direktere Erklärungen wie »wirtschaftliches Eigeninteresse« als unhöflich gelten. Leicht angestaubte Bezeichnungen wie »Mitgiftjäger« oder »Erbschleicherin« bleiben sozialen Aufsteigern oder jenen vorbehalten, die ihre ökonomischen Motive für den heutigen Geschmack nicht genug verhüllen. Ausdrücke wie »guter Familienvater« oder »Sicherheit« haben in der Kultur der Mittelschicht heute noch einen guten Klang, wenngleich ihr Gebrauch streng reglementiert ist; wer ökonomische Vernunft zu ausführlich diskutiert, gilt leicht als Zukurzgekommener oder gefühlskalt: Er verletzt damit implizit gewisse Persönlichkeitsnormen. (Verschiedene Schichten und ethnische Gruppen haben je eigene Sprachregelungen, aber jede soziale Gruppe hat ihre Codes, und wer sie verletzt, riskiert es, ausgestoßen zu werden.)

Mit anderen Worten: Bei aller angeblichen Freiheit werden die sozialen Regeln der Partnerwahl heute noch ebenso pedantisch befolgt wie zu Jane Austens Zeiten. Nur ist es heute tabu, offen darüber zu sprechen, und das führt vielleicht zu weniger statt zu mehr Freiheit. Heute sind nicht allein der Partnerwahl enge Grenzen gesetzt, sondern dem Scharfsinn, den Jane Austens Zeitgenossen bei dieser Frage walten ließen. Dem Verlieben sind dieselben Denkverbote auferlegt: Das gesellschaftliche Protokoll schreibt vor, dass es sich um einen schwer fassbaren, leicht irrationalen Vorgang zu handeln hat. Zuviel Vernunft oder Nachdenken könnte die Romantik zerstören – und läuft Gefahr, mit den vorherrschenden Vorstellungen vom normal Menschlichen in Konflikt zu geraten: Reptilienvokabeln wie »kaltblütig« werden gegen jene eingesetzt, die zuviel Überlegung walten lassen, wo Mondscheingefühle angesagt sind. Aber da es nun einmal Spaß macht, sich zu verlieben – und wer möchte darauf verzichten –, bleibt einem nichts anderes übrig, als den Verstand abzuschalten und das Beste zu hoffen.

Doch selbst Leute, die nicht nachdenken, werden zwangsläufig auf all das aufmerksam, was im Land der Liebesromantik weniger rosig aussieht. Da die Liebe in der modernen Vorstellungswelt immer mehr ins Zentrum jedes emotionalen Ausdrucks gerückt ist – das gewisse Etwas, ohne das das Leben sinnlos erscheint –, ist die Angst, nicht genug davon zu bekommen, zur Hauptsorge der Bevölkerung geworden und spiegelt sich in fast allen kulturellen Äußerungen wider. Da die moderne Liebe die Erwartung hegt, dass eine dauerhafte Zweierbeziehung durchaus möglich ist, und wir noch dazu heutzutage ein so reiches Innenleben mit uns herumschleppen, kann eine Trennung als schwerer Schlag gegen das Ego und als Versagenskrise erlebt werden. Obwohl die Scheidung allmählich der Normalfall ist und nicht länger die Ausnahme darstellt, wird der Kummer über das Ende der Liebe durch das Gefühl des persönlichen Scheiterns verschärft, herrschte doch die Erwartung, es solle anders sein. Praktisch jeder weiß, dass die Ansprüche an die Paarbeziehung im gleichen Maß gestiegen sind wie die Scheidungsraten, angesichts derer Sie inzwischen davon ausgehen dürfen, dass der momentane Mittelpunkt Ihrer Welt, Ihr Schatzilein, Ihr Herzallerliebstes mit einer Wahrscheinlichkeit von fünfzig Prozent zu Ihrem schlimmsten Alptraum wird. (Das ist natürlich nur die Rate derer, die tatsächlich aus einer unglücklichen Beziehung ausbrechen, und erlaubt keine Rückschlüsse auf das Glücksniveau oder Alptraumpotenzial jener, die ausharren.) Der Ehehistoriker Lawrence Stone meint – es klingt nach einem schlechten Scherz –, die steigenden Scheidungsraten seien nur ein moderner Behelf, um zu erzielen, was früher weitaus gründlicher durch die geringere Lebenserwartung erreicht wurde.

Dessen ungeachtet will unser Zeitalter das Ungestüm der romantischen Liebe mit der Vernunft einer langfristigen Paarbeziehung zusammenspannen und möchte uns trotz aller gegenteiligen Beweise in dem Glauben wiegen, dass Liebe und Sex über Jahrzehnte hinweg von ein- und derselben Person zu haben sind und die Lust dreißig, vierzig oder fünfzig Jahre des Zusammenlebens überdauert. (Sollte die Lust unerklärlicherweise erlöschen, dann verzichten Sie doch einfach auf Sex; abflauende Libido gilt nicht als hinreichender Grund »sich anderswo umzuschauen«.) Natürlich müssen beide Beteiligte daran *arbeiten*, die Leidenschaft am Leben zu erhalten (welche Freude), vorausgesetzt, Sie bringen nach engstem Zusammenleben über einen historisch noch nicht dagewesenen Zeitraum noch das nötige Quantum Lust für den regelmäßigen Geschlechtsverkehr auf. (Cartoon-Mann im *New Yorker* zur Cartoon-Frau: »Jetzt, wo die Kinder aus dem Haus sind, könnten wir uns doch mal wieder Zeit für Sex nehmen.«) Und tatsächlich schaffen es manche Paare, dank psychologischer Wartung, die Anarchie der Lust in die engen Grenzen des Ehebetts zu bannen, und widmen sich ihrer Aufgabe mit der Einsatzbereitschaft von Fließbandarbeitern (einmal die Woche, um dieselbe Zeit, in derselben Stellung). Die eine oder andere Phantasie mag ihnen dabei helfen, den alten Motor in Gang zu setzen, am Laufen zu halten oder über die Zielgerade zu bringen. Das ist das Liebesleben einer Nation von Arbeitssüchtigen: Wenn Sex nach Arbeit aussieht, dann haben Sie offenbar nicht genug daran gearbeitet.

Der moderne Glauben an die Dauerhaftigkeit der Liebe macht uns zu Jammerlappen, die unentwegt psychologische Hilfe, Rezepte und Interventionen suchen. Die Leidenschaft *darf nicht* sterben! Die Beratung durch Experten gehört daher zum Alltag, und die angebotenen Heilmittel sind ungeachtet der Kosten und Folgen heiß begehrt. Immerhin ist das ein Plus für die Volkswirtschaft: Ein ganz neuer Sektor ist aufgeblüht, ergänzt durch eine Reihe von Zulieferern und umworbenen Märkten sowie umfangreiche Investitionen der Gesellschaft in neue Technologien – von Viagra bis zu Paarpornos: ein spätkapitalistisches Lourdes für siechende Ehen. Wie eifrige Ärzte, die eigentlich nicht mehr unter uns Weilende mit spiegelblanken Herzlungenmaschinen am Leben erhalten, können nun auch Paare dank neumodischer Erfindungen das Verlöschen der Leidenschaft hinauszögern. Natürlich hat der Drang, Todgeweihtes durch Technologie zu retten, eine gruslige Kehrseite: Besuchen Sie doch einmal ein Altersheim, überbelegt mit leichenhaften Senioren. Niemand will sie mehr haben, den ganzen Tag schlurfen sie ziellos durch die Gänge – sofern sie noch gehen können – und murmeln: »Mir reicht es.« Wir alle kennen mehr als ein Paar in ähnlichem Zustand, das an seiner wöchentlichen Ehetherapie hängt wie an einem gemeinsamen Beatmungsgerät und sich fragt, wann wohl der Arzt die Leiche für tot erklärt oder ob ein würdiges, humanes Ende (und sei es, dass einem ein Kissen ins Gesicht gedrückt wird) nicht vorzuziehen wäre. (Aus dem *New Yorker*, Cartoon-Mann und Cartoon-Frau bei der Eheberatung. Sagt der Mann zur Therapeutin: »Keine lebenserhaltenden Maßnahmen.«) Ist der Kampf gegen den Tod wirklich Opfer wert? »Ja!«, rufen die Technokraten in ihren gestärkten Laborkitteln: Wenn jeder andere Aspekt der Natur durch Technik gezähmt und umgewandelt werden kann, warum nicht auch die Lust? Die Lust hat in der guten alten Zeit vielleicht nicht ein Leben lang gehalten (»Das einzige Hindernis, das die Liebe nicht überwinden kann, ist die Zeit«, sagt Denis de Rougemont sarkastisch in *Die Liebe und das Abendland*), aber das war früher, und wir leben heute – in der schönen neuen Welt der Liebe.

Es gibt natürlich auch verschiedene vortechnische Lösungen für die Dilemmas der Lust: Holen Sie sich Rat. Am besten holen Sie sich so viel Rat, bis er Ihnen aus Ohren und Nase kommt. Beziehungsberatung ist heutzutage ein boomendes Geschäft: Verlage, Rundfunkanstalten und die Therapieindustrie kämen, wenn man das durch Liebesberatung erwirtschaftete Sozialprodukt ermitteln könnte, zweifellos auf beeindruckende Zahlen. Heute sind in den Vereinigten Staaten etwa 50 000 Paartherapeuten tätig (neben den gewöhnlichen Therapeuten, die nur nebenbei Beziehungsratschläge erteilen). Offensichtlich ist es nicht zu empfehlen, eine langfristige Beziehung auf eigene Faust zu gestalten – für den ungeschulten Normalsterblichen viel zu kompliziert, fast so als wollte man einen Telekommunikationssatelliten in Eigenregie bauen und in den Orbit befördern.

Um von der Sterblichkeit der Liebe geheilt zu werden, hat sich die Schar der Verzweifelten zu einer fortschrittlichen Rasse der Ratschlagsempfänger entwickelt, zu einer Art Wunderschwamm, der im Nu ein Vielfaches des Eigengewichts an Feuchtigkeit aufnehmen kann. Werfen Sie im Buchladen um die Ecke mal einen Blick in die Abteilung mit der Beziehungsliteratur, die zur Selbsthilfe angeboten wird – sie bedeckt Wände, und jedes Buch hat seine eigene verzwickte innere Logik oder ein komplexes System, bestehend aus mehrteiligen Fragebögen, eigenen Akronymen, Diagrammen und gegliederten Aufzählungen. Machen Sie zum Beispiel die Übung mit dem Titel »Ihre Punktzahl im emotionalen Betriebssystem«. Bald werden Sie feststellen, ob Sie ein Nestbauer, ein Oberbefehlshaber, ein Wachposten oder ein Energiebolzen sind. Wenn Ihr emotionales Betriebssystem nicht mit dem Ihres Partners harmoniert, haben Sie Probleme, na klar. Da kann man aufatmen! Und nicht nur das, der Beziehungsexperte erklärt uns außerdem, dass »solche Unterschiede auf den Hirnströmen beruhen, Sie können also Ihre Unterschiede in einem objektiven Licht betrachten«. Die Literatur über schlechte Beziehungen quillt über vor Pseudowissenschaft und miserablen Analogien: Ob das Zufall ist? Zum Beispiel die Wirtschaftsanalogien: »Hat Ihre Beziehung Kapitalreserven oder steuert sie auf den Bankrott zu?« Der Rat des Kfz-Mechanikers: »Sie würden ja auch nicht versuchen, einen Automotor zu reparieren, dessen komplizierten Mechanismus Sie nicht verstehen!« Und natürlich kommt der Plantagenvorarbeiter zu Wort. Führen Sie sich den Eingangssatz von *Fighting for Your Marriage: Positive Steps for Preventing Divorce and Preserving a Lasting Love* zu Gemüte: »Eine gute Ehe erfordert Arbeit.« Und eine Variation dieses Themas aus *The Relationship Cure*, die das Arbeitsgebot so ganz nebenbei erwähnt: »Was man miteinander tun sollte: Umarmen. Küssen. Händchen halten. Raufen. Kuscheln. Eine Schneeballschlacht machen. Wäsche zusammenlegen. Das Haus putzen ...« (Obwohl der Autor nicht so recht an seinen eigenen Rat glaubt. Nach ein paar Seiten bekennt er: »Und wenn Sie nach Befolgung dieser Schritte nicht sofort eine Besserung Ihrer Beziehung feststellen? Das ist nicht ungewöhnlich ...«)

Und was für ein verschrumpeltes Wesen taucht aus diesem

überlangen Warmbad in Ratschlägen auf? Während einst Schwefel und Höllenfeuer Paare zusammenschmiedeten, erfüllt diese Aufgabe heute der Badezusatz der Persönlichkeitsentwicklung. Das moderne Individuum, von der schrecklichen Furcht geplagt, die Liebe zu verlieren – oder sie erst gar nicht zu finden –, kann auf jeden Fall »an sich arbeiten«, um das Schlimmste abzuwenden. Wenn das Scheitern in der Liebe das Selbstwertgefühl vollkommen aushebelt, gibt es wirklich nur eine Lösung. *Werden Sie liebenswerter.* Natürlich steht es Ihnen frei, ob Sie diesen Weg einschlagen; auf niemanden wird Zwang ausgeübt. Aber so wie früher Gläubige und Wallfahrer sich Gnade und Seligkeit nach dem Tode durch Gehorsam gegen eine Allmacht sichern wollten, so unterwerfen auch wir uns einer solchen, bloß dass wir auf ähnlichen Lohn noch zu Lebzeiten hoffen. Es winkt das Heil in Form einer besseren Beziehung.

Aber welchen Keim birgt die gelebte Erfahrung der Partnerschaft eigentlich, der zu ihrer Auflösung führt und Fluchtinstinkte bei jenen weckt, die einst so darauf erpicht waren, sich fest einzurichten, die sich optimistisch einer lebenslänglichen Bindung mit gemeinsamer Haushaltsführung verschrieben hatten. Hat sich etwas geändert? Oder ... waren die Vorboten der Auflösung von vornherein da, und man hat sie irgendwie übersehen? Könnte es sein, dass in der ungestümen ersten Zeit, als man in Glückseligkeit und Zukunftshoffnungen schwelgte, bereits der Wurm drin war? War da etwas in der gegenseitigen Fehleinschätzung, die wir »sich verlieben« nennen, in der Erregung des Zusammenseins, in der Verletzlichkeit und der die Seele befreienden Nacktheit, in der gegenseitigen Anziehung und im *großartigen Sex ... ?*

Um derartige Fragen ernsthaft zu stellen, muss man zu den Anfängen zurückkehren, zu den ersten Regungen der Liebe, zu jenem zauberhaften Abend, als Sie bei Kerzenschein Austern aßen und Champagner tranken (ersetzen Sie die romantische Szenerie sowie Speis und Trank nach Ihrem Geschmack), als Sie selbst so offen und schillernd wie die Auster in der Schale darauf fieberten, von den langen Zacken der Gabel ihres Gegenübers bis ins Herz gepiekst und in Ihrer ganzen Würze ausgekostet zu werden – damals, als Sie diese Worte aussprachen und empfanden und wussten, was Liebe heißt. Aber Achtung, diese kleine Zeitreise unternehmen wir nicht aus Sentimentalität, sondern um die *fundamentalen Prämissen* dieses Augenblicks zu untersuchen, sozusagen eine Schnittprobe unter einem starken Mikroskop zu betrachten, das fähig ist, die mit bloßem Auge nicht zu erkennenden Krankheitskeime aufzuspüren. Allerdings geht es hier nicht darum, den Partner oder die Ex zu durchleuchten oder individuelle Neurosen und Unzulänglichkeiten zu analysieren, so befriedigend das oft sein kann. (Und zwar nicht zuletzt deshalb, weil dadurch die serielle Monogamie möglich wird: Das letzte Mal ist es schief gegangen, weil man die Nervensäge oder den Haustyrannen erwischt hatte, das nächste Mal finden wir aber die Traumfrau oder den perfekten Mann.) Sei's drum, was für Fehler Ihr Expartner auch hatte (Narzissmus und all die emotionalen Spielchen), was Sie auch immer über sich gelernt haben mögen und welche Fehler Sie bestimmt nicht mehr machen ... jetzt geht es erst einmal um Sie.

Bitte die erste Probe für das Mikroskop.

Zuallererst müssen Sie, um Liebe zu bekommen und in jenes Reich des Seelenheils und der Transzendenz einzutreten, das man Paarbeziehung nennt, ein *liebenswerter Mensch* sein. Was heißt das genau? Beginnen wir mit den Grundlagen. Um als liebenswert zu gelten, muss man zunächst ein Bild der Normalität präsentieren: Körperhygiene, angemessene Kleidung, die sozialen Fähigkeiten der jeweiligen Schicht. Eine allzu offensichtliche soziale Anomalie wird Ihrem Streben nach Liebe wohl im Wege stehen. Vertuschen Sie also, was geht. Aber damit ist nur ein erster Schritt getan. Die Dogmatik der modernen Liebe schreibt außerdem vor, dass man sich mit den komplexen Mechanismen der *Gemeinsamkeit* auskennt. Achtung Anfänger: Die Gemeinsamkeit weist mehr Fallstricke auf, als man ahnt, und gelegentlich wird's riskant. Gehen Sie's langsam an. Verlieren Sie nicht die Geduld. Messen Sie sich nicht mit den alten Hasen. Neulinge fallen leicht auf die Nase.

Gemeinsamkeit bedeutet zu erkennen, dass Ihr Partner *Bedürfnisse* hat, und natürlich sollten Sie bereit sein, diese zu befriedigen. Das moderne Ich besteht aus einem Bündel von Bedürfnissen, die erfüllt werden wollen, was zur Folge hat, dass intime Beziehungen unvermeidlich von Ängsten und Befürchtungen belastet sind. Denn eine moderne Beziehung setzt voraus, dass die Mehrheit dieser Bedürfnisse von einer Person befriedigt werden sollen und können: Wer das in Frage stellt, rüttelt an den Fundamenten der Zweierbeziehung, also lassen Sie's lieber. Auf die Bedürfnisse eines anderen einzugehen ist der sicherste Weg, um für die oder den Betreffenden begehrenswert zu erscheinen, und das wünschen wir uns ja alle sehnlichst, weil wir uns andernfalls als wertlose Versager fühlen.

Diese unsere Bedürfnisse sind allerdings tiefgründig: Ein wirrer unterirdischer Morast mit uralten knorrigen Wurzeln, die den Pechvogel zu umklammern suchen, der versehentlich auf ihre Ausläufer tritt. Wir kommen bedürftig zur Welt, und diese Bedürfnisse sind nie ganz zu erfüllen, dennoch lieben wir nichts mehr als unsere Bedürfnisse. Wer die Bedürfnisse anderer in Frage stellt, wagt sich auf dünnes Eis. Bedürfnisse sind oft auf unerklärliche Weise mit Wut verbunden, die sich gegen jeden richtet, der sie weckt, ohne sie ganz zu erfüllen, und das passiert grundsätzlich, wenn sich Menschen nahe kommen, da vollkommen befriedigte Bedürfnisse ein Ding der Unmöglichkeit sind. (Bedürfnisse haben ebenso viel mit der Vergangenheit zu tun wie mit der Gegenwart.) Wir lieben unsere Bedürfnisse, weil sie uns zu dem Individuum machen, das wir sind, und um das Individuum macht man in der heutigen Zeit viel Tamtam. Und wir hassen unsere Bedürfnisse, weil sie uns zu quengelnden unselbstständigen Riesenbabys machen, und die Reife steht – wie man uns beständig eintrichtert – ebenfalls hoch im Kurs. Eine Momentaufnahme der modernen Nahbeziehung erinnert an eine riesige Säuglingsstation mit hungrigen Babys, deren Motorik und Sehvermögen noch nicht voll ausgebildet sind, die aber eigenwillige Vorlieben und unterschiedliche Fütterungszeiten haben, und sich gegenseitig gnadenlos mit lebensspendender Nahrung der richtigen Sorte und Menge zur richtigen Zeit versorgen wollen, während sie gierig darauf warten, selbst gefüttert zu werden.

Dennoch versteht man unter *Nähe* die Erfüllung der Bedürfnisse des anderen, und sie ist vonnöten, um den Zustand der so genannten *seelischen Reife* zu erreichen – obwohl damit weitestgehend die affektiven Bedingungen unserer Kindheit nachgeahmt werden. (Der Tauschhandel Willfährigkeit gegen Liebe ist unsere erste Lektion im Leben, wir erlernen sie bereits in der Wiege.) Im Gegenzug werden die eigenen Bedürfnisse durch den Partner erfüllt, in großen und kleinen Dingen. In der Praxis sind diese Dinge meist sehr klein, Fliegendreck geradezu, doch häufig sind es gerade diese lächerlichen Spannungen und Meinungsverschiedenheiten über den Kleinkram des täglichen Lebens, der sich für Paare beim Bemühen um Nähe zu Elefantendung auswächst. Den Müll runterbringen, der »Tonfall«, eine vergessene Besorgung – das sind die gefährlichen Untiefen, an denen die Nähesuchenden häufig Schiffbruch erleiden.

Daher erfordert Gemeinsamkeit *Kommunikation*, denn um erfüllt zu werden, müssen Bedürfnisse ausgesprochen werden. Niemand kann Gedanken lesen, was aber keineswegs bedeutet, dass nicht so mancher diese Fähigkeit von seinem Partner erwartet: Möchten Sie etwa dem anderen ständig sagen müssen, was Ihnen fehlt? Was Sie vor allem brauchen, ist daher ein Partner, der Sie versteht: Ihre Wünsche, Ihre Widersprüche, die Erfahrungen, durch die Sie geprägt wurden, Ihre einzigartigen Empfindlichkeiten und das, was Sie stört. (In der Praxis heißt das, was Sie an Ihrem Partner stört.) Im Gegenzug müssen Sie lernen, die Bedürfnisse Ihres Partners zu verstehen: Und daher sollten Sie bereit sein zu *hören*, was Ihren Partner an Ihnen stört. Hören ist jedoch, wie Ihnen bald klar werden dürfte, kein schlichter physiologischer Vorgang, den die Ohren erledigen. Wahrscheinlich glauben Sie zu wissen, wie man hört, aber das heißt noch lange nicht, dass Sie auch wissen, wie man *zuhört*. (Cartoon-Frau im *New Yorker* zum Cartoon-Mann: »Hättest du einen Moment Zeit, meine Probleme zu lösen?«)

Nicht richtig zuhören steht ganz oben im Katalog der Paarbeschwerden. Wie kann man beweisen, dass man zuhört? Der einzig gültige Beleg ist, dass Sie bei der ersten Aufforderung sofort die störende Eigenschaft oder Handlung, die kommentiert wird, ändern, zurücknehmen oder eliminieren. Wenn Sie das unterlassen, so liegt der Beweis vor, dass Sie nicht richtig zugehört haben, dass Sie vielleicht nicht einmal in der Lage sind zuzuhören – eine moderne Hörstörung, die sofortige Intervention durch Experten verlangt. Die Fachleute haben komplizierte, aber hilfreiche Therapiemaßnahmen entwickelt, um solchen Gebrechen abzuhelfen, darunter heilsame Übungen wie zum Beispiel im Wortlaut wiederzugeben, was er oder sie gerade gesagt hat. Angeblich lernt man dadurch das Zuhören. Natürlich steht die Forderung, einen anderen Menschen nachzuahmen, um ihm nah zu sein, im Widerspruch zum modernen Grundsatz »sei du selbst«. Fühlen Sie sich noch authentisch, wenn Sie Ihre Reaktionen schulen, um auf die – häufig launischen und nicht selten unvernünftigen – Bedürfnisse eines Partners einzugehen? Diese verwirrende Frage ist nicht das letzte Paradox, dem wir bei unserer Untersuchung begegnen werden: Paradoxe lauern auf unserem Weg wie Tretminen.

Das Protokoll der partnerschaftlichen Zweisamkeit verlangt in der Regel, dass zwei Individuen über längere Zeiträume auf engstem Raum koexistieren – mit anderen Worten *Häuslichkeit*. Das häusliche Zusammenleben erfordert offensichtlich ein gerüttelt Maß an Kompromissfähigkeit, Flexibilität und Anpassung, damit es nicht in Mord und Totschlag ausartet. (Wie bereits dargelegt, lässt sich das aber nicht immer vermeiden.) Ein erfolgreiches Zusammenleben setzt voraus, dass zwei Menschen ihre Unterschiedlichkeit zumindest so weit reduzieren, dass sie sich gegenseitig tolerieren können. Häufig ist dies erst dann erreicht, wenn der Wille von wenigstens einem der Beteiligten wie ein Tumor unter starker Bestrahlung auf handliche Größe geschrumpft ist. Da postromantische Ideale der ungezügelten Individualität nach wie vor großen Einfluss auf unsere fundamentalen Vorstellungen vom Ich haben, kann sich dieser Vorgang als gefährlich, ja bedrohlich erweisen. Dennoch müssen die Beteiligten willens sein, jene Aspekte der Individualität über Bord zu werfen, die Ärger machen könnten, dürfen sich aber ein paar Eigenheiten bewahren, um nicht das Gefühl zu bekommen, ihre Autonomie ganz geopfert zu haben, wenngleich sie ihnen chirurgisch entfernt wurde. (Der Verlust der Individualität ist ein weiteres Leiden, über das Paare häufig klagen, und wird, neben der mangelnden Bereitschaft, sich im Hinblick auf die Bedürfnisse des Partners zu ändern, häufig als Grund für eine Trennung angeführt.) Die Freiheit, die eigene Persönlichkeit nach eigenen Vorstellungen zu entwickeln, gilt als unveräußerliches Grundrecht des modernen Individuums, führt aber offenbar dazu, dass mit gewissen Partnern nur schwer auszukommen ist.

Nachdem Sie sich nun mit der Gemeinsamkeit auskennen, kommen wir zur *fortgeschrittenen Nähe.* Fortgeschrittene Nähe heißt, dass Sie Ihren Partner »in« Ihr innerstes Seelenleben hereinlassen. Der verbreitete, wenn auch leicht metaphysische Glaube an unser Innenleben zählt zu den unverzichtbaren Prämissen des modernen Ichs. Was und wo dieses »Innere« auch sein mag, es hat inzwischen einen quasi medizinischen Status erlangt, ja es ist im Begriff, zum herrschenden Körpermodell unserer Gesellschaft zu werden – samt dem damit verknüpften Glauben, was immer drinnen stecke, verlange wütend nach draußen. Nach früheren Vorstellungen über den Körper wurden Patienten mit Blutegeln und Aderlass traktiert, um ähnliche Zwecke zu erreichen. Wir modernen Menschen hingegen »drücken unsere Gefühle aus« und nicht mehr unsere Körperflüssigkeiten, denn jeder weiß, dass, wer es nicht tut, krankheitsanfälliger ist und sich häufiger Krebs, Geschwüre und andere schlimme Leiden zuzieht.

Die Liebe aber gilt als Allheilmittel unserer Kultur, das gegen Übel aller Art verschrieben wird – und erscheint jetzt sogar als notwendige Bedingung für eine weitere große amerikanische Obsession, nämlich das lange Leben. Und weil »sich öffnen« der Beziehungsgesundheit dient, unterwerfen wir uns zu diesem Zweck bereitwillig allerlei geheimnisvollen quasi-medizinischen Prozeduren. Liebende fügen sich der Behandlung durch Ärzte, die mit Sonden tief in die empfindlichen Regionen vordringen. Stellen Sie sich vor, Sie seien eine einzige große Körperöffnung: nicht verkrampfen, einfach entspannen. Wenn sich die Prozedur als unangenehm erweist, zeigt das nur, dass Sie nicht offen genug sind. Vielleicht ist eine Psychotherapie erforderlich, um die nötige Lockerung zu erzielen: das teuerste Gleitmittel der Welt. (Man beachte, dass die Psychotherapie historisch gesehen großen Einfluss auf dieses Ethos des Sich-Öffnens hatte, also die Krankheit erfand, die sie praktischerweise gleich kuriert.)

Unnötig zu erwähnen, dass dieses Sich-Öffnen das Gefühl der Verletzlichkeit verstärkt, schließlich liegt man seelisch quasi mit gespreizten Beinen da, preisgegeben und zitternd auf dem Untersuchungstisch für Beziehungen. Aber es ist ja zu Ihrem Besten – selbst wenn Sie dadurch Schmerz, Reibereien oder Mikroben, die Ihr Partner versehentlich oder – wie Sie vermuten – absichtlich ausgestreut hat, in Kauf nehmen müssen. (Ein klassisches Topos in der Geschichte der Paarparanoia ist der Verdacht, dass Ihr Partner Sie vorsätzlich dort angreift, wo es am meisten schmerzt, denn er kennt ja Ihre Schwachstellen. Das ist einer der Gründe, warum dieses Sich-Öffnen nicht immer so angenehm ist, wie der Hersteller verspricht.) Wer schon einmal Teil eines typischen Paares war – oder dessen Wortwechsel mitanhören durfte –, weiß, dass das »Äußern der Bedürfnisse« nicht selten das Trojanische Pferd im Kampf der Geschlechter darstellt, denn wenn es nötig ist, Bedürfnisse zu äußern, hat der Partner sie offensichtlich nicht erfüllt. Es mag noch so freundlich formuliert werden, kein Gleitmittel kann verhindern, dass dieser Vorwurf für Reibereien sorgt. Dennoch wäre für die moderne Form der Nähe nichts erreicht, gäbe es diese rituellen Akte der Selbstentblößung nicht, neben all dem Mitteilen, Zuhören und Verändern. Wie die Beichte in der Kirche ist die freiwillige Entblößung das Gründungsritual der modernen Nahbeziehung; und das Gebot, sie mit religiösem Eifer zu vollziehen, stellt das Rückgrat der modernen Paarliturgie dar.

Bedürfnisse (n., Pl.): 1. Ein tiefes, unergründliches Sammelbecken »ungelöster Probleme«, alter Wunden und Entbehrungen aus der Kindheit, die sich wie Kreditkartenschulden täglich vermehren, wenn der Partner oder die Partnerin es wieder einmal versäumt, sie in allen Einzelheiten zu begreifen und durch magische Kraft zu beseitigen. 2. Eine Spezies von rasantem exponentiellem Wachstum, die sich schneller ausbreitet als Brennnesseln und alle anderen Lebensformen in der Umgebung zu überwuchern droht.

Wahrhaftig eine brenzlige Angelegenheit. Die Fundamentalgleichung der festen Beziehung: ob und wie die *Bedürfnisse* des einen durch den anderen jederzeit gestillt werden. Das werden sie natürlich nicht, jedenfalls nicht vollständig. Aber wie sollten sie auch? Jedes Bedürfnis verhält sich nach dem Muster der Zenonschen Paradoxa, denn sobald eines befriedigt ist, kommt ein anderes zum Vorschein, und wenn nicht das, so hat doch jedes seine eigene Halbwertszeit, die sich halbiert und halbiert und halbiert. Vielleicht liegt es aber auch einfach daran, dass die Liebe den konstitutiven Mangel einfach nie ganz ausgleicht, den sie beheben soll, ganz gleich wie viel Mühe sie sich gibt. Also sind wir dazu verdammt, eine illusionäre Ganzheit zu erreichen, die offensichtlich unerreichbar ist, besessen von unerfüllbaren Sehnsüchten, während unsere bessere Hälfte die undankbare Rolle des Sündenbocks für Unmöglichkeiten zugewiesen bekommt, für die sie eigentlich nichts kann. (Danke, Mama und Papa!) Es leuchtet ein, dass die Frustration an dieser häuslichen Zweisamkeit nagt wie Termiten, die sich im Fußboden eingenistet haben.

Nicht nur die Frustration, auch die *Angst* –, die das Talent besitzt, in allerlei Verkleidungen aufzutreten. Besonders gern gibt sie sich als Empörung aus, zum Beispiel über einen Partner, der uns nicht genug Sicherheit bietet, der sich übertrieben unabhängig oder egoistisch benimmt oder nicht genug auf unsere Gefühle eingeht. Wie ärgerlich! Aber kratzen Sie am Lack, und zum Vorschein kommt ... Angst. Denn was löst mehr Ängste aus als die *Freiheit* des Partners, könnte es doch die Freiheit sein, Sie nicht oder nicht mehr zu lieben oder jemand anderen zu lieben oder ein anderer Mensch zu werden als der, der damals schwor, Sie auf ewig zu lieben, und es jetzt ... vielleicht nicht mehr tut? (All diese Befürchtungen können auf das Thema Untreue hinauslaufen, aber sie ist nicht der einzige Kondensationspunkt. Derer gibt es viele.) Daraus leitet sich der elementare Tauschhandel der Paarbeziehung ab: Die Autonomie und Bewegungsfreiheit des einen ist weniger wichtig als die Sicherheit und der Seelenfrieden des anderen. Daher kommen die Rituale der modernen Häuslichkeit: Die Angstvermeidung ist so eng mit dem Alltag des Zusammenlebens verwoben – jederzeit wissen, wo sich der Partner aufhält, Ausgangssperren, Reisebeschränkungen, wenn nötig gelegentlich sogar die Aufenthaltskontrolle –, man könnte meinen, dass die Beschwichtigung von Ängsten das ursprüngliche Anliegen der modernen Zweisamkeit darstellt.

Natürlich kann es sich auch als ärgerlich erweisen, wenn man »kontrolliert wird«, und wenn es zu den Vorzügen der modernen Beziehung gehört, dass man den anderen daran hindert, einem Sorge zu bereiten, so doch auch, dass man sich nicht zuviel von ihm ärgern lässt, was die vielen kleinen »Korrekturen« rechtfertigt, die wir am Verhaltensmuster unserer Lebenspartner vornehmen. Aus diesem Grund werden häufig Wendungen wie »*ich habe dir doch gesagt, dass ich es nicht mag, wenn du ...*« oder »*Kannst du nicht mal dran denken, dass ...*« zum Leitmotiv der häuslichen Gesprächskultur. Leider ist solchen ärgerreduzierenden Techniken offenbar kein großer Erfolg beschieden, wenn man bedenkt, wie oft triviale Ärgernisse im Zusammenleben den Status – oder den Umfang – eines »wichtigen Problems« erlangen. (Man kommt fast in Versuchung, von moralischen Kreuzzügen zu sprechen, wenn man hört, wie die Nachbarn manchmal loslegen.) Wer hat vergessen, welche Besorgung zu erledigen war, wer übernimmt welchen Anteil der Hausarbeit, wer hat was mit dem Toilettensitz oder der Kappe der Zahnpastatube angestellt. Wenn man sieht, welchen psychischen Raum solche Probleme nach und nach einnehmen, ist

Verärgerung offenbar die Grundeinstellung häuslicher Zweisamkeit. Aber da a) ein überängstlicher Partner den anderen häufig reizt und b) ein Partner, dem scheinbar nicht genug an Ihnen liegt, um mit dem Generve aufzuhören, ebenfalls Befürchtungen auslöst, ist der Versuch, gegen Angst und Verärgerung anzugehen, häufig zum Scheitern verurteilt.

Beim Syndrom von Angst und Ärger beißt sich die Maus in den Schwanz, und das erklärt teilweise den lächerlichen *Wiederholungszwang*, der die Kommunikation zwischen Paaren belastet – das dauernde »du immer/ich nie« neben anderen nicht gerade charmanten Gesprächssymptomen wie Nörgeln, Sarkasmus und dem taktischen Einsatz des Schweigens. Aber man darf nicht übersehen, dass bei Paaren der Rollentausch oft blitzschnell vollzogen wird: Man wird beschuldigt, im nächsten Moment beschuldigt man selbst; heute noch Iwan der Schreckliche, morgen das arme Opfer. Die Populärpsychologie liefert uns für derlei Dynamik den Begriff »Machtkampf«, verleiht damit der häuslichen Szenerie aber einen allzu sehr an Nietzsche gemahnenden Nimbus. Als könnte der Wille zur Macht bei Liebe und Zweisamkeit eine Rolle spielen! Andererseits wird so häufig über Eheleute »gewitzelt«, die um die Fernbedienung des Fernsehers kämpfen. Das ist der beliebteste Topos für die Machtdynamik bei Paaren (die Klobrillen und Zahnpastakappen liefern die Standardwitze, die dem Thema Rücksichtslosigkeit/Verärgerung zugeordnet werden). Vielleicht ist Nietzsche tatsächlich die psychologische Autorität, die den offenbar unersättlichen Drang, aufeinander rumzuhacken, erklären kann.

Wenn jemand die Tröstungen des Defensivschlags in seinen kleinlichsten Manifestationen (Und gibt es etwas Kleinlicheres als den typischen häuslichen Streit?) begriffen hat, wenn jemand weiß, warum Menschen »ihren Argwohn [genießen], das Grübeln über Schlechtigkeiten und scheinbare Beeinträchtigungen«, dann war es Nietzsche. Es liegt auf der Hand, dass die Quellen der menschlichen Angst überall und nirgends zu finden sind, auch, wie er so erfolgreich betont hat, in den Ursprüngen des moralischen

Auftrumpfens und der Ressentiments angesichts der Unabhängigkeit, zu der andere in der Lage sind. Jeder Leidende macht einen »Übelthäter aus Freund, Weib, Kind und was sonst ihnen am nächsten steht«, an dem er unter irgendeinem Vorwand seine Affekte abreagieren kann, um sich Erleichterung zu verschaffen: »Ich leide: daran muss irgend Jemand schuld sein.« Die Defensivhaltung ist der vergebliche Versuch, weitere Verletzungen zu vermeiden sowie unsere eigene Selbstverachtung zu unterdrücken, und die sitzt tief – aber durch den »Defensiv-Gegenschlag« gewinnt man am Ende laut Nietzsche *»Betäubung von Schmerz durch Affekt«.** (Wer in Versuchung gerät, Nietzsches *Genealogie der Moral* als Eheratgeber zu lesen, bedenke, dass auch dem armen Autor das Liebesglück versagt blieb.)

Auch die Genealogie der Häuslichkeit ist nicht gerade eine unschuldige Geschichte, wie Nietzsche wohl gesagt hätte. Hinter jeder Verhaltensänderung und jeder Unsicherheit steht eine Flucht vor den eigenen Motiven – und eine erstaunliche Tendenz, andere Aspekte auszublenden. Der Wunsch, im Prinzip Unkontrollierbares zu kontrollieren (in diesem Fall den Partner, die Partnerin), um das Ausmaß an Unsicherheit in dieser Welt zu reduzieren, ist gewiss verständlich – aber andererseits, was wirkt betäubender als Vorhersehbarkeit? Oder weniger erotisierend (Vorhersehbarkeit ist einer der beliebtesten Gründe, warum man »fremd geht«). Vielleicht hat die Liebe von Natur aus etwas Beunruhigendes an sich, das diesen Kontrollinstinkt weckt? In der Schwebe zwischen Angstkontrolle und Todestrieb – wir »zahmen Haustiere«, wie Nietzsche so treffend bemerkt – zähmen wir unsere Partner, um uns ihre Liebe zu sichern (ein Projekt, das auf beiden Seiten der Gleichung nicht frei von Ressentiments ist). Doch die meisten von

---

* Diese Betäubung kann sich körperlich ganz verschieden äußern: In einem Bericht im *Journal of the American Medical Association* aus dem Jahr 1999 heißt es, dass über 43 Prozent der Frauen und 31 Prozent der Männer in der Regel kein Interesse an Sex haben, nicht zum Orgasmus kommen oder unter anderen sexuellen Einschränkungen leiden.

uns haben gar nicht vor, sich heldenmütig den eigenen Ängsten zu stellen oder sich an Nietzsches geflügeltes Wort zu halten: »*»Du selbst bist an dir allein schuld.*» Warum auch sich selbst Vorwürfe machen, wenn man dem Partner die Schuld geben kann?

Daher das *Herumbasteln am Verhalten des Partners:* Nicht nur die Lieblingsbeschäftigung in Paarbeziehungen, nicht nur ein weiterer peinlicher emotionaler Tauschhandel, zu dem uns die moderne Liebe verpflichtet, sondern der Generalschlüssel für ihr Universum. (Cartoon-Frau im *New Yorker* zum Cartoon-Mann: »Ich will dich nicht verändern – ich will dich verbessern.«)

Atmen Sie tief durch und strecken Sie sich, wenn nötig. Wir stehen jetzt an der Schwelle zur Tiefenstruktur der modernen Paarbeziehung: Wir sind im Begriff, das geheimnisvolle linguistische Universum der Partnerschaft zu betreten, das, wie wir bald sehen werden, auf nur einer einzigen Phrase aufgebaut ist, aus der andere Äußerungen generiert werden: »*Könntest du bitte damit aufhören!*«

Paarlinguistik: ein Überblick. Wie alle menschlichen Sprachen wird auch die Sprache der Paarbeziehung von einem begrenzten Regelwerk beherrscht, das festlegt, was wie in Worte gefasst werden darf. Wir wollen diese Regeln »Paargrammatik« nennen. Sprachwissenschaftler versichern uns, dass die grundlegenden Kategorien des Denkens, wie etwa Zeit und Raum, in verschiedenen Sprachen unterschiedlich auftreten – das ist als die Sapir-Whorf-Hypothese bekannt. Jede Sprache schafft ihre eigene Wirklichkeit, weshalb eine Sprache den Schlüssel zu der Kultur darstellt, aus der sie hervorgegangen ist. Und die Wirklichkeit der Paarsprache? Was stellt sie in den Mittelpunkt?

Bei näherer Betrachtung zeigt sich, dass in dieser Sprache vor allem eine Form des Sprechakts vorherrscht: das Verbot – überaus nuancierte, gegenseitig auferlegte, äußerst triviale Anordnungen und Regelungen, die sich auf winzigste Details der Haushaltsführung, des gesellschaftlichen Umgangs, der Finanzen, der Sprache, der Hygiene, der zulässigen persönlichen Eigenheiten und so weiter beziehen.

Sexuelle Verbote sind selbstverständlich die Regel. Aber es ist das Brimborium der anderen Verbote, das über die Zustände der modernen Partnerschaft wesentlich mehr Aufschluss gibt. Ob Bad oder Schlafzimmer, Auto oder Küche, es gibt keinen Aspekt des Lebens zu zweit, der nicht unter die Lupe genommen, diskutiert und geregelt würde. Selbst wenn nicht alle Paare alle denkbaren Verbote aufstellen, gebrauchen doch *alle* Paare die Verbotsform, und Liebe heißt, dass die Regeln freiwillig eingehalten werden. (»Verbot« ist nicht unbedingt der Begriff, den die Betroffenen selbst verwenden: Oft sind Euphemismen wie »Kompromiss««, »miteinander auskommen«, »Flexibilität« oder »Anpassung« zu hören, was die schiere Anzahl der Regelungen verschleiert, die jederzeit zu beachten sind.)

All das dürfte niemanden überraschen, der je Teil eines Paares war. Wir sprechen hier nicht von unterschwelligem Machtmissbrauch; es geht nicht um nächtliche Überfälle. Es handelt sich um Übereinkünfte, die jedes Paar bewusst eingeht und im Prinzip gemeinsam trifft. Beachten Sie, dass »gemeinsam« in diesem Fall auch »geschlechtsneutral« heißt. Das vormoderne Recht mag dem Ehemann eingeräumt haben, seine Frau zu kontrollieren, die modernen Geschlechtsbeziehungen beruhen hingegen auf *gegenseitigen* Kontrollen, Anordnungen und Verboten. (Allerdings kann die Zuständigkeit für bestimmte Räume und Tätigkeiten nach wie vor nach Geschlecht sortiert sein: Küche, Hobbykeller, Finanzen und Innenausstattung sind nicht immer der gegenseitigen Kontrolle unterworfen.) Wenn vormoderne Ehefrauen als Besitz des Mannes angesehen wurden, sobald sie in den »Ehestand« traten, so gilt in der modernen Liebe, dass wir als Partner einander gehören.

Methodologische Anmerkung für künftige Forscher: Diese Behauptungen lassen sich leicht erhärten. Führen Sie einfach eine Befragung der nächsten hundert oder tausend Paare durch, auf die Sie stoßen, und zwar vorzugsweise, ohne dass der jeweilige Partner mithört. Rasse, Schicht, Geschlecht, Alter und sexuelle Orientierung dürften zu geringfügigen, letztlich aber vernachlässigbaren Abweichungen führen. Stellen Sie ganz einfache Fragen zu den

Freiheitsmöglichkeiten in der Beziehung: Bewegungsfreiheit, Koalitionsfreiheit, Redefreiheit. Ihre Gesprächpartner werden Ihre Naivität vermutlich äußerst erheiternd finden, auch wenn das Lachen ein wenig gezwungen klingt. *Freiheit?* Anfangs mag eine gewisse Scheu bestehen, die unschönen Fakten herauszulassen, man beruft sich auf die gegenseitige Loyalität, hegt Bedenken wegen der Privatsphäre (oder Vergeltungsmaßnahmen). Üben Sie keinen allzu großen Druck aus, sonst kommen die Abwehrmanöver des »gesunden Menschenverstands« zum Einsatz: *»Probleme hat doch jeder!«* Üben Sie sich in Geduld. Früher oder später öffnen sich die Schleusentore der Klage – ein, zwei Gläschen könnten hilfreich sein – und heraus quillt ein Wust von Verboten, Anordnungen und Strafen ohne Ende, so dass Sie sich fragen werden, warum bisher noch niemand auf die Idee gekommen ist, die Genfer Konventionen auf Paarbeziehungen anzuwenden.

Nun folgt eine kurze Kostprobe von Antworten auf die schlichte Frage: »Was dürfen Sie nicht tun, weil Sie Teil eines Paares sind?« (Diese Angaben entsprechen der Wahrheit, nichts wurde erfunden, nichts musste hinzugefügt werden.)

Sie dürfen nicht aus dem Haus gehen, ohne zu sagen wohin. Sie dürfen nicht offen lassen, wann Sie wiederkommen. Sie dürfen nicht bis nach Mitternacht ausbleiben oder bis nach elf oder zehn oder höchstens bis zum Abendessen oder Sie müssen von der Arbeit direkt nach Hause kommen. Sie dürfen nicht ausgehen, wenn der andere lieber daheim bleiben möchte. Sie dürfen nicht allein auf Partys gehen. Sie dürfen nicht einfach so mal ausgehen, weil Sie auf die Befürchtungen des anderen hinsichtlich Ihres Verbleibs Rücksicht nehmen müssen, denn naturgemäß ist sich der Partner/die Partnerin nicht sicher, ob Sie wirklich sind, wo Sie zu sein vorgeben, und grübelt, wo Sie stattdessen sein könnten. Sie dürfen keine Pläne machen, ohne den anderen zu Rate zu ziehen, vor allem nicht für den Feierabend oder fürs Wochenende, auch dürfen Sie nicht nach eigenem Ermessen über Ihre Freizeit verfügen.

Sie dürfen nicht unordentlich sein. Sie dürfen nicht weniger als fünfzig Prozent der Hausarbeit erledigen, auch wenn der andere hundert oder zweihundert Prozent mehr Sauberkeit braucht, als Sie für nötig oder auch für vernünftig halten. Sie dürfen nicht Ihre (wählen Sie etwas aus) Bücher, Taschentücher, Schuhe, Make-up, Unterwäsche, Arbeit, Nähsachen oder Pornohefte in der Wohnung herumliegen lassen. Sie dürfen nicht rauchen oder wenigstens nicht im Haus, und Sie dürfen die Zigaretten nicht in Tassen ausdrücken. Sie dürfen nicht mehr Krimskrams sammeln, als der andere erträglich findet – seien es nun Sportkrimskrams, Tupperware oder Daffy-Duck-Sammelobjekte.

Sie dürfen kein Geschirr stehen lassen, nicht unordentlich abspülen, sich die Hände nicht ohne Seife waschen, nicht aus der Flasche oder dem Tetrapack trinken, keine Krümel machen, ohne sie umgehend zu beseitigen (*sofort,* nicht später) und auch nicht den Geschirrspüler nach der Methode befüllen, die Sie für die sinnvollste halten. Sie dürfen kein sauberes Geschirr aus dem Geschirrspüler benutzen, ohne das Ding gleich ganz auszuräumen. Sie dürfen nichts aufbewahren, was Sie irgendwann mal gebrauchen könnten, wenn der andere meint, Sie bräuchten es nie. Sie dürfen keine nasse Wäsche in den Korb tun, obwohl es keinen logischen Grund gibt, es nicht zu machen – schließlich wird am Ende sowieso alles nass. Sie müssen auf Ihren geliebten Schreibtisch verzichten, weil er nicht zur übrigen Einrichtung passt. Sie müssen erkennen, ob die Wohnung sauber oder chaotisch ist. Sie müssen die Verantwortung für häusliche Entscheidungen, die der andere getroffen hat und denen Sie aus schierer Nettigkeit nicht widersprochen haben, mittragen, obwohl Ihnen die Sache eigentlich egal ist. Sie dürfen keine Putzfrau einstellen, weil sich das nicht mit der linken Einstellung Ihres Partners verträgt. (Oder wie eine Befragte es formulierte: »Er sagte: ›Damit könnte ich nicht leben‹, aber nach meiner Rechnung hätten wir es uns leisten können.«)

Sie dürfen die Badezimmertür nicht offen lassen, weil das eine Zumutung ist. Sie dürfen die Badezimmertür nicht zumachen, weil der andere auch rein muss. Sie dürfen nicht reinkommen, ohne anzuklopfen. Sie dürfen den Toilettensitz nicht hochgeklappt lassen. Sie dürfen auf dem Klo nicht lesen, ohne sich kritische Bemerkungen einzuhandeln. Sie dürfen keine blutigen Hinterlassenschaften in den Badezimmermülleimer werfen. Sie dürfen keine Hygieneartikel offen herumliegen lassen. Sie dürfen sich Ihre schmutzigen Hände nicht an der Küchenspüle waschen. Sie dürfen das Toilettenpapier nicht so in den Halter legen, wie Sie es gewohnt sind. Sie dürfen nicht ignorieren, womit Sie sich eigentlich nicht befassen wollen: Ihre Nasenhaare, Ihre Achselhaare, Ihre Zehennägel. Sie dürfen nicht aufs Bettenmachen verzichten. Sie dürfen das Lob nicht vergessen, wenn der andere das Bett macht, auch wenn es Ihnen gleichgültig ist. Sie dürfen nicht in einem anderen Zimmer schlafen, Sie dürfen nicht zu einer anderen Uhrzeit ins Bett gehen, Sie können nicht auf der Couch einschlafen, ohne geweckt zu werden, damit Sie ins Bett kommen. Sie dürfen im Bett nicht essen. Sie dürfen nach dem Sex nicht gleich aufstehen. Sie dürfen nicht an Schlaflosigkeit leiden, ohne ins Kreuzverhör darüber genommen zu werden, was Ihnen *wirklich* zu schaffen macht. Sie dürfen die Klimaanlage nicht so einstellen, wie Sie es gern hätten – denken Sie doch auch mal an die Umwelt und nicht immer nur an sich. Sie dürfen nicht ausschlafen, wenn der andere früh raus muss. Außerdem dürfen Sie überhaupt nicht ausschlafen, weil das ein Zeichen moralischer Schwäche ist.

Sie dürfen sich keine Seifenopern ansehen, ohne dass sich der andere über Sie lustig macht. Verkaufssendungen dürfen Sie sich ebenso wenig anschauen wie die Show vor einem Spiel oder Hausfrauensendungen oder Filme, in denen Männer in Gegenwart von Frauen gedemütigt oder als Dummköpfe hingestellt werden. Sie dürfen sich keine Pornos reinziehen. Sie dürfen n-tv nicht als Hintergrundberieselung laufen lassen. Sie dürfen sich nicht pathologisch in den Sport zurückziehen, auch wenn das die einzige Methode ist, Ihre Beklemmungen zu lockern. Sie dürfen nicht Bob Dylan oder andere Götter Ihrer Jugend hören. Sie dürfen nicht flippern gehen, weil das pubertär ist. Sie dürfen kein Dope rauchen. Tagsüber Alkohol zu trinken ist verboten, und zwar auch am Wochenende. Sie dürfen kein Mittagsschläfchen halten, wenn der andere zu Hause ist, weil er/sie meint, dass man die Freizeit zusammen verbringen sollte. Sie dürfen nach Feierabend nicht arbeiten. Verbringen Sie nicht so viel Zeit vor dem Computer, und spielen Sie vor allem nicht *Dungeons and Dragons*. Und halten Sie sich von diesen Chatrooms fern! Sie dürfen – auch nicht in aller Unschuld – per E-mail flirten. Verzichten Sie lieber auf das Computer-Solitaire, weil das Geklicke Ihren Partner zum Wahnsinn treibt. Sie dürfen nicht telefonieren, wenn Ihr Partner zu Hause arbeitet. Sie dürfen zu Leuten, die den anderen erreichen wollen, am Telefon nicht unhöflich sein. Sie dürfen bei Werbeanrufen nicht einfach auflegen, sondern müssen immer schön höflich bleiben. Sie können nicht telefonieren, wenn der andere im selben Raum ist, ohne dass er Bemerkungen zu Ihrem Gespräch macht oder gleichzeitig versucht, mit Ihnen zu sprechen. Ihre beste Freundin, Ihr bester Freund darf nach zehn nicht mehr vorbeikommen. Sie können nicht lesen, ohne vom anderen angequatscht zu werden, und Sie dürfen nicht lesen, wenn der andere sich mit Ihnen unterhalten will. Sie dürfen dem anderen nicht Ihre Aufmerksamkeit entziehen.

Sie dürfen nicht impulsiv, in Gedanken oder geistesabwesend sein. Sie dürfen kein Risiko eingehen, über das man sich nicht zuvor geeinigt hat, wodurch das Konzept des »Risikos« ziemlich eng gefasst wird. Sie dürfen Ihren Job nicht einfach kündigen oder aus Wut alles hinschmeißen. Sie dürfen keine selbstständigen Berufsentscheidungen treffen oder den Arbeitsplatz wechseln, ohne das zuvor ausführlich zu besprechen. Sie dürfen kein eigenes Bankkonto führen. Kaufentscheidungen treffen Sie bitte nicht allein, und geben Sie Ihr Geld nicht für Dinge aus, die der andere für Verschwendung hält, schließlich können Sie das Geld nicht aus dem Fenster werfen, nur weil Sie schlecht gelaunt sind, und wenn Sie schon schlecht gelaunt sind, dann sollten Sie auch die Gründe erklären können. Sie dürfen keine Geheimnisse haben – weder in Geldangelegenheiten noch sonst.

Sie dürfen nicht essen, was Sie wollen: Adieu Marshmallows,

hallo Tofubällchen. Sie dürfen keine Mahlzeit auslassen. Sie dürfen nicht auf die Planung dieser Mahlzeiten verzichten. Sie dürfen nicht allein zu Abend essen. Wenn der andere gekocht hat, wird gegessen, was auf den Tisch kommt. Und bringen Sie bitte keine Cremetörtchen mit nach Hause. Auch Ihre Diät dürfen Sie nicht abbrechen. Knoblauch dürfen Sie nicht essen, weil das so stinkt. Und Butter kommt wegen der Cholesterinwerte nicht in Frage. Blumenkohl dürfen Sie nicht kochen, selbst wenn Sie vom anderen gar nicht erwarten, ihn zu essen. Sie dürfen nicht mit Salz nachwürzen, weil das als Kritik an der Kochkunst des Partners gewertet wird. Wenn Sie miteinander essen gehen, dürfen Sie Ihre Vorspeise nicht für sich allein beanspruchen, und bestellen dürfen Sie erst nach Verhandlungen, mit denen verglichen die Osloer Verträge ein Kinderspiel waren. Die Frage, welches Besteck Sie benutzen (oder nicht benutzen), der Gebrauch der Serviette, das Ablegen von Knochen, Kernen und anderen Überresten werden samt und sonders kommentiert und kritisiert. Sie dürfen sich bei Tisch nicht die Nase putzen. Zeitung lesen kommt auch nicht in Frage. Sie dürfen nichts essen, was Blähungen verursacht. Sie dürfen keine Witze über Blähungen reißen.

Sie dürfen nicht das Falsche sagen, nicht einmal in Situationen, in denen man gar nichts Richtiges sagen kann. Sie dürfen nicht den »falschen Tonfall« haben und Sie dürfen den Vorwurf des falschen Tonfalls nicht zurückweisen, wenn er gemacht wurde.*

---

* Ein weiteres auffälliges Merkmal der Paarsprache ist der gezielte Einsatz des Tonfalls. Wie im Chinesischen kann die Intonation die Bedeutung einer Äußerung vollkommen verändern. Achten Sie genau auf die feinen Nuancen von Sätzen wie »Wie oft *muss* ich das noch sagen?« oder »Könntest du das *bitte* lassen!«. Die Bedeutung liegt hier nicht in der Aussage, sondern in der Intonation. In Fragen wie »Was meinst du denn *damit?*« wird nicht weniger als die gesamte Geschichte der Beziehung vermittelt, ein regelrechter Katalog von Enttäuschungen, Zurückweisungen und Kränkungen: Selbst ein tonfalltauber Beobachter kann die Vorgeschichte eines Paares allein aus den Nuancen des Wortes *»damit«* rekonstruieren.

Sie dürfen sich nicht wiederholen, und dramatische Selbstinszenierungen sind auch nicht erlaubt; Sie dürfen nichts wissen, was der andere nicht weiß oder mit Ihren Kenntnissen angeben. Sie dürfen Ihre Leistungen nicht in den Vordergrund rücken, vor allem nicht, wenn Ihr Partner weniger erfolgreich ist. Sie dürfen nicht um Hilfe bitten und dann die gebotene Hilfe kritisieren oder zurückweisen. Sie dürfen sich nicht verweigern, wenn der andere von Ihnen Unterstützung möchte, oder – weitaus häufiger – wenn er nicht darum bittet, es aber erwartet. Sie dürfen keine Sätze äußern, in denen »ich immer« und »du nie« vorkommen. Sie dürfen nichts vereinfachen, selbst wenn es um einfache Dinge geht. Diskussionen dürfen nicht nach der sokratischen Methode geführt werden. Achten Sie auf Ihr Lachen, es darf nicht zu laut, zu explosiv, unangemessen oder albern klingen. Sie dürfen nicht »Fotze« sagen. Sie dürfen keine Witze über die Größe des Penis machen oder über solche Witze lachen. Ihre Meinung über die Familie des Partners behalten Sie lieber für sich. Auch sollten Sie den Partner/die Partnerin nicht mit Familienmitgliedern vergleichen, am wenigsten mit dem Elternteil desselben Geschlechts. Die weitaus sinnvolleren Gepflogenheiten in Ihrer Familie dürfen Sie nicht als Vorbild herausstreichen. Sie dürfen Ihre Meinung nicht ohne Rücksicht auf die wunden Punkte des anderen äußern. Über Themen, die dem anderen wichtig sind, dürfen Sie nicht mit unpassender Ironie sprechen. Auch Ihren berechtigten Ärger über Dinge, die der andere locker sieht, halten Sie besser zurück. Sie dürfen für Reparaturarbeiten keinen Handwerker bestellen, wenn Ihr Partner sich für einen begabten Heimwerker hält. Sie dürfen Ihrem Partner die Unterstützung nicht entziehen, selbst wenn er sich unmöglich verhält. Sie dürfen nicht die künstlerischen Aspekte von Filmen kritisieren, die dem anderen zu Herzen gehen. Sie dürfen kein Desinteresse zeigen, wenn sich der andere über die Inkompetenz, Unhöflichkeit oder die Existenz anderer Menschen aufregt. Sie dürfen keine Witze reißen, die der andere als unbewusst gegen sich gerichtet auffassen könnte. Zweifellos ist eines der folgenden Gesprächsthemen tabu (wählen Sie): Religion, Politik, Deutschland, Israel, der Klassenkampf. Sie dürfen keine Polenwitze erzählen. Sie dürfen keine Wortspiele machen oder schmutzige Witze oder überlange Anekdoten zum Besten geben. Sie dürfen keine Witze über Glatzen, die Form von Ohren, Fettpölsterchen oder andere sensible Themen machen, auch wenn Sie bis zu diesem Augenblick nicht wussten, dass es ein sensibles Thema ist. Erwähnen Sie lieber nicht, dass Sie in Ihren Seelenklempner verknallt sind. Sie dürfen nicht über frühere Beziehungen sprechen. Oder Sie dürfen es nicht ablehnen, über frühere Beziehungen zu sprechen, und Sie dürfen sich auf Anfrage nicht weigern, all die längst vergessenen Einzelheiten zu berichten. Sie dürfen dem anderen nicht vorenthalten, worüber Sie in Ihrer Therapie gesprochen haben. Aber achten Sie auch darauf, dass Sie nicht »überanalysieren« oder psychologische Fachbegriffe auf die Beziehung anwenden. Sie dürfen sich nicht weigern, »Ihre Gefühle mitzuteilen«. Es sei denn, diese Gefühle sind kritisch, was sie nicht sein sollten.

Sie dürfen nichts sagen, was den anderen an seine Inkompetenz oder sein Scheitern erinnert, ihn in wenig schmeichelhaftem Licht erscheinen lässt oder seine Selbstidealisierung ankratzt. Sein Selbstbild dürfen Sie ebenso wenig in Frage stellen wie seine Deutung einer bestimmten Situation. Geben Sie keine Diagnose zum Besten, auch wenn sie auf der Hand liegt. Gehen Sie mit Dingen, die der andere ernst nimmt, nicht zynisch um, zeigen Sie sich nicht gleichgültig, wenn er sich hingebungsvoll für Themen begeistert, die Ihnen trivial erscheinen: Mode, *Haute cuisine*, die Wahlen, Bürotratsch, Sport.

Sie dürfen keine Freunde haben, die einen von Ihnen mehr mögen als den anderen, oder Freunde, die einer von Ihnen mehr mag als der andere. Sie dürfen zu Gästen nicht unhöflich sein oder das Haus verlassen, wenn Gäste da sind. Sie dürfen den Ehepartner vor anderen nicht kritisieren, geschweige denn über seine Depressionen reden. Wenn Sie ausgehen, dürfen Sie Ihren Partner nicht links liegen lassen. Wenn Ihr Partner mit jemandem streitet, dürfen Sie nicht für den Gegner Partei ergreifen. In der Öffentlichkeit dürfen Sie sich nicht zu charmant geben, schon gar nicht gegenüber Personen des anderen (gegebenenfalls auch desselben) Geschlechts. Sie dürfen nicht mehr als soundso lange mit solchen Personen sprechen, wobei sich »soundso« in Nanosekunden bemisst. Sie dürfen die Eifersucht Ihres Partners nicht herausfordern. Mit Leuten, die Ihren Partner verunsichern oder von denen er sich bedroht fühlt, sollten Sie gar nicht sprechen. Treffen Sie sich lieber nicht mit Ihrem/Ihrer Ex, auch wenn Sie schwören, dass es längst vorbei ist. Die Normen der Ehrlichkeit oder Schonungslosigkeit, die der andere im gesellschaftlichen Umgang für angemessen hält, dürfen Sie nicht überschreiten. Hinter den Grad des Perfektionismus, den der andere als Gastgeber anstrebt, dürfen Sie nicht zurückfallen. Sie sollten sich aber auch nicht weniger lässig geben als Ihr Partner. Vermeiden Sie es, in der Öffentlichkeit über seine Witze nicht zu lachen. Über seine politische Einstellung dürfen Sie aber weder öffentlich noch privat lachen. Mit seinen Verwandten, und auch mit Ihren eigenen, dürfen Sie nicht über Politik sprechen, weil Sie nicht ausfallend werden dürfen, selbst dann nicht, wenn es Ihnen angebracht scheint, es sei denn, dem anderen scheint es auch angebracht. Sie dürfen nicht streitlustig auftreten. Wenn Sie ein gemischtes Doppel spielen, dürfen Sie nicht darüber streiten, ob der Ball im Aus war.

Sie dürfen keine Sachen tragen, die nicht zusammenpassen, auch wenn es Sie mal besonders keck auftreten wollen. Sie dürfen keine Cowboyhüte tragen. Sie dürfen sich über den Cowboyhut Ihres Partners nicht lustig machen, obwohl diese Kopfbedeckung wirklich lächerlich ist. Zu Hause dürfen Sie sich nicht nachlässig kleiden, ohne sich Bemerkungen einzuhandeln. Sie dürfen nicht in Ihrem T-Shirt aus der Studentenzeit schlafen, das ist einfach scheußlich. Sie dürfen kein Plaid tragen, auch wenn Sie den Touch von Bohème mögen. Wenn der andere Ihrem Geschmack nicht traut, dürfen Sie nicht allein Kleider kaufen gehen. Sie dürfen sich zu gewissen Anlässen nicht nachlässig kleiden. Wenn Ihnen dergleichen bekanntermaßen egal ist, dürfen Sie das

Haus nur nach einer Überprüfung durch den Partner verlassen. Sie dürfen nichts tragen, in dem Sie zu sexy aussehen (oder zu rundlich oder nicht Ihrem Alter entsprechend). Sie dürfen sich nicht schicker anziehen als Ihr Partner, aber auch nicht lässiger. Sie dürfen keine Jeans tragen, wenn der andere Jeans nicht ausstehen kann.

Wenn Sie miteinander ausgehen, dürfen Sie nicht mehr trinken als die Menge X, obwohl Sie wissen, dass Sie mehr »vertragen«. Wenn Sie trinken, zählt der andere mit. Sie dürfen keine Zigaretten schnorren, weil Ihr Partner das peinlich findet, obwohl Sie ihm erklären, dass zwischen Rauchern eine Art Blutsbruderschaft herrscht. Sie dürfen nicht »unangepasst« sein. Sie dürfen nicht tanzen, weil Ihr Partner meint, dass Sie miserabel tanzen, auch wenn Sie das anders sehen. Sie dürfen das Lokal erst verlassen, wenn auch der andere gehen will. Zu spät kommen dürfen Sie auch nicht, obwohl Sie gern zu spät kommen. Sie dürfen nicht trödeln. Verlieren Sie nicht das Zeitgefühl, vor allem wenn Sie sich mit etwas beschäftigen, was nichts mit Ihrem Partner zu tun hat, zum Beispiel mit Ihren E-Mails. Sie dürfen nichts vergessen und dann noch einmal ins Haus zurückgehen, um es zu holen, nachdem Sie die Tür schon hinter sich zugemacht haben. Sie dürfen nicht zu schnell fahren; was zu schnell ist, legt Ihr Partner fest. Sie dürfen nicht zu dicht auffahren und vor allem nicht hupen. Den Fahrstil, das Blinken und Spurenwechseln Ihres Partners dürfen Sie nicht kritisieren. Sie dürfen im Auto keine Wortsendungen hören. Beim Fahren dürfen Sie sich nicht aufregen oder über andere Fahrer schimpfen. Sie dürfen einen Mietwagen nicht zurückgeben, ohne den Müll vorher rauszunehmen, weil das nach Meinung Ihres Partners einen schlechten Eindruck macht, auch wenn Sie sicher sind, dass die Reinigung des Wagens im Preis enthalten ist.

Als Lohn für all dies winkt die Liebe.

Solche Gebote sind unter Umständen das Ergebnis einer freiwilligen Übereinkunft, oder man hat sich nach längeren Verhandlungen darauf geeinigt, oder sie werden unter ständigen Reibereien ausgehandelt. Sie lassen sich darauf ein, damit Ihr Partner zufrieden ist, gelegentlich riskieren Sie auch mal einen Streit, aber meistens spielen Sie mit (und der andere ebenso), weil das die Beziehung am Leben erhält. Je weniger einer von beiden sich damit zufrieden gibt, »Teil des Teams« zu sein, je stärker sich einer als Einzelgänger oder Renegat gebärdet, umso mehr Spannungen gibt es im Haushalt. Entscheidend ist, nicht darüber zu urteilen, ob solche Forderungen »vernünftig« sind – denn auf den Inhalt kommt es nicht an. Wichtig ist die Form. Wichtig ist die Losung »du darfst nicht« und dass buchstäblich kein Aspekt des Alltags ohne Regeln und Prüfungen bleibt. In der modernen Liebe bildet sich die *Nähe* erst aus Zustimmung zu den Geboten des Partners; je »besser« das Paar ist, umso erfolgreicher haben die Partner die jeweils geltenden Verbote verinnerlicht. Was einst Gebot war, ist zur zweiten Natur geworden. Aber schließlich ist es Ihre freie Entscheidung. Oder wäre es, wenn wir überhaupt dazu imstande wären, ohne die Liebe auszukommen.

Auf jeden Fall lohnt sich das häusliche Zusammenleben, das wissen wir alle: Gesellschaft, geteilte Kosten, einfachere Kindererziehung, beruhigende Vorhersehbarkeit, gelegentlich Sex, Absicherung gegen die destabilisierenden Auswirkungen außerhäuslicher Begierden und viele andere Vorteile, die in ihrer Vielfalt diesen Rahmen sprengen würden. Aber wenn die moderne Liebe Macht über uns hat, wird die Häuslichkeit zur Vollzugsgewalt, zum eisernen Staubwedel im Samthandschuh. Der Historiker Michel Foucault erklärt, die moderne Macht habe durch die Schaffung neuer Einfriedungen und Institutionen die Welt geprägt – Fabriken, Schulen, Kasernen, Gefängnisse, Anstalten, in denen Menschen untergebracht, überwacht, behandelt, registriert und der Überprüfung, der Ordnung und dem Diktat der Uhr unterworfen werden. Leider blieb Foucault nicht die Zeit, das Problem erschöpfend zu beleuchten, doch welche zeitgenössische soziale Institution wäre enger umfriedet als das moderne häusliche Zusammenleben? Wo werden Bewegungsfreiheit und Zeit stärker reguliert, wo werden Körper und Geist einer so großen Zahl von Menschen enger überwacht?*

Gehorsam gegen Liebe einzutauschen fällt uns nicht schwer – schließlich waren wir alle einmal Kinder, deren Überleben von den Launen der Liebe abhing. Und hier haben wir das Muster für die Nahbeziehungen der Zukunft: Wenn du mich liebst, dann machst du, was ich will oder brauche oder fordere, damit ich mich sicher und ganz fühle und deine Liebe erwidern kann. Und so kommt es, dass wir unsererseits Gehorsam fordern, dass wir Haustyrannen und Duodezfürsten der Privatsphäre sind, die wiederum selbst tyrannisiert werden. »*Wenn du mich wirklich liebst, dann wirst du doch wegen so etwas keinen Streit anfangen.*« Aber wie wir alle (nur zu gut) wissen, sind Angst und Schmerz beim Verlust der Liebe so vernichtend und sitzen so tief, dass man alles in Kauf nimmt, um sie abzuwenden. So erhalten wir die psychologische Signatur des modernen Ichs: definiert durch die Liebe, ein leeres Gefäß ohne sie. Die Drohung des Liebesentzugs macht auch die unabhängigsten Geister fügsam (was natürlich wieder *Ressentiments* erzeugt).

Und warum hat sich die moderne Liebe so entwickelt, dass größtmögliche Unterwerfung und geringstmögliche Freiheit herrschen, ohne dass darüber auch nur diskutiert würde? Zweifellos ist eine Bevölkerung, die es gelernt hat zu verzichten – und sich damit die Fantasie und Unabhängigkeit versagt, die mit Wünschen einhergehen –, in vieler Hinsicht von Vorteil: Denn die Bedingungen, die die Liebe an uns stellt, decken sich erstaunlich genau mit den Anforderungen, die eingeschüchterte Arbeitnehmer und willfährige Wähler zu erfüllen haben. Und wenn die eleganteste Form der sozialen Kontrolle daherkommt im Gewand der individuellen Bedürfnisse und Befriedigungen, die so mit der Einzelseele ver-

* Wenn man bedenkt, dass er sich bereits mit Anstalten, Gefängnissen und Sex befasst hat, was wäre das nächste gewesen? (Manches verweist darauf, dass er auf der richtigen Spur war – er soll einmal gesagt haben, der beste Augenblick in der Liebe sei die anschließende Taxifahrt nach Hause.)

schmolzen sind, dass jeder Impuls zum Widerstand mit der Befürchtung gekoppelt ist, nicht liebenswert zu sein, wozu bräuchte man da noch Polizisten an jeder Ecke? Wie praktisch, dass wir bereit sind, uns selbst und unsere Lieben zu überwachen. So leben wir glücklich bis ans Ende unserer Tage.

Vielleicht brauchte die säkularisierte Gesellschaft eine andere metaphysische Wesenheit, der sie sich nach dem Tod Gottes unterwerfen konnte, und die Liebe eignete sich für die Aufgabe. Aber ist es nicht ein bisschen deprimierend, dass wir anscheinend unfähig sind, Formen des Gefühlslebens zu erfinden, die auf etwas anderem als Unterwerfung fußen?

***

Die Decke knarzt, aber jedes Mal, wenn Sie sagen, dass Sie da oben Geräusche hören, redet Ihnen Ihr Mann ein, dass mit Ihnen etwas nicht stimmt. Das Licht flackert, aber er behauptet, das bildeten Sie sich nur ein. Im gemeinsamen Haushalt herrscht eine Atmosphäre der Anschuldigung und des Vorwurfs. Ihn plagt irrationale Eifersucht: Anfangs war das schmeichelhaft, jetzt fragen Sie sich, ob er noch richtig tickt. Er ist launisch, bald charmant, bald tyrannisch, bald besorgt, bald wütend. Abends geht er aus und sagt anschließend nicht, wo er gewesen ist. Allmählich hinterfragen Sie seine Motive. Kann jemand, der schon einmal häusliche Zweisamkeit genossen hat, übersehen, dass *Gaslicht* die Grundstruktur eines jeden Partnerstreits auf den Punkt bringt: Der eine versucht den anderen zu überzeugen, dass die Meinungsunterschiede nur daher kommen können, dass der andere die Realität völlig verzerrt sieht?

Oder hat Ihr Mann etwa einen Geheimpakt mit den Handlangern des Teufels geschlossen, und Sie werden als Teil der Abmachung vom Antichristen geschwängert, damit die Schauspielkarriere Ihres Gatten vorankommt? Sie haben seine Ambitionen ja unterstützt, sich damit abgefunden, dass er sich immer wieder in sich selbst zurückzieht, und die finanzielle Unsicherheit in Kauf genommen, aber das geht nun doch zu weit. Und auch seine neuen Freunde gefallen Ihnen nicht sonderlich, noch bevor sich herausstellt, dass es Hexen sind: Sie sind alt, neugierig, offengestanden haben sie Körpergeruch, und man bekommt sie gar nicht mehr aus der Wohnung. Natürlich haben viele Paare unterschiedliche Wertvorstellungen – sind religiös oder politisch unterschiedlich orientiert –, und sie halten es doch miteinander aus. Aber manchmal können solche grundlegenden Fehlurteile die Frage aufwerfen, wie man es eigentlich geschafft hat, ein Paar zu werden, und ob man das wirklich bis zum Ende durchstehen muss – doch zweifellos ringen Sie sich schließlich zu der Einstellung durch, wegen des Kindes müsse man nun einmal zusammenbleiben. Okay, vielleicht ist er der Sohn des Antichristen, aber er ist Ihr Fleisch und Blut. (Die Wendung »wegen des Kindes« wird nicht zum letzten Mal in unserer Diskussion auftauchen.)

Ira Levin, Verfasser des Romans *Rosemaries Baby*, ein Bestseller des Jahres 1967, ist zufällig auch der Täter, der einen weiteren Klassiker des Ehehorrors, *Die Frauen von Stepford*, zu verantworten hat. Levin nimmt die Paarbeziehung mit beißendem Sarkasmus unter die Lupe. (Die Verfilmungen beider Bücher waren ebenfalls sehr erfolgreich.) In Stepford besteht das Ziel des Ehelebens darin, den anderen zur Willfährigkeit zu zwingen; und wenn man ihn dabei umbringt – wir wissen doch alle, wie ärgerlich ein eigensinniger Ehepartner sein kann. In Stepford töten die Männer ihre Frauen nicht wegen des Geldes oder um einen Neuanfang zu machen – es gefällt ihnen zu Hause ganz gut, sie wollen nicht einmal eine andere Frau. Es wäre ihnen nur lieber, wenn die Alte etwas fügsamer wäre, und deshalb wird sie durch ein roboterhaftes Double ersetzt, das viel mehr Spaß an Sex und Hausarbeit hat und sich viel weniger beklagt als die Variante aus Fleisch und Blut. Wer mag es ihnen verdenken? Aber wer *Die Frauen von Stepford* als protofeministische Parabel über Geschlechtsbeziehungen und dominante Ehemänner abtun möchte, sollte sich mal die für das Fernsehen produzierte Fortsetzung *The Stepford Husbands* (*Die Männer von Stepford*) ansehen, in der dieselbe Geschichte mit umgekehrten Vorzeichen erzählt wird. Nicht nur Männer mögen willfährige Partnerinnen und greifen auf jede verfügbare Technik zurück, um sie zu bekommen. Solche Fantasien hegt jeder Mensch.*

Die Zweisamkeit der Gegenwart birgt Risiken, so lautet jedenfalls die Warnung unserer Populärkultur. Sie leben sorglos in Ihrem gemütlichen Paarkokon, bis eines Tages der Eindruck entsteht, dass »etwas nicht stimmt« und Ihrer Existenz plötzlich der Boden entzogen wird. Etwas gerät in Gefahr: Ihre Individualität, Ihre geistige Gesundheit, Ihr Leben. Sie nehmen das Telefon ab und hören mit, wie geplant wird, Sie um die Ecke zu bringen *(Mit dem Tod verbunden)*, Ihr Mann verschwindet und erweckt den Eindruck, Sie hätten ihn ermordet *(Doppelmord)*, oder er inszeniert sein eigenes Ableben und stellt Ihnen dann nach *(Getäuscht)*, oder Sie inszenieren Ihren Tod, um ihn loszuwerden, und er stellt Ihnen trotzdem nach *(Der Feind in meinem Bett)*, oder seine tote Freundin warnt Sie aus dem Jenseits, dass er vorhabe, Sie zu ermorden *(Schatten der Wahrheit)*, was auch tatsächlich stimmt: Es gibt unzählige Variationen des Grauens in der Ehe. Hin und wieder trifft auch eine Frau im Film Vorkehrungen, ein, zwei Ehemänner zu beseitigen, und wenn es sich um einen *Film noir* handelt, gelingt ihr das auch – *Frau ohne Gewissen, Wenn der Postmann zweimal klingelt, Heißblütig-kaltblütig* –, aber der im *Film noir* er-

---

* *Stepford Husbands* – das nicht aus der Feder von Levin stammt – bezieht eine weniger klare Position als das dunklere Original. Zwar »stepfordisieren« fast alle Frauen eifrig ihre Männer und werden durch Gatten belohnt, die klaglos Tagesausflüge zum Möbelkauf auf sich nehmen, doch von Schuldgefühlen geplagt rettet unsere Heldin den ihren im letzten Moment und steht dann mit einem Trottel da, der es nicht lassen kann, den Basketball an die frisch gestrichene Esszimmerwand zu knallen – und das wird uns dann als Happy End aufgeschwatzt. So wird in letzter Minute das Genre gewechselt, statt Ehehorror bekommen wir Ehetherapie aufgetischt: »Versuche nicht, deinen Partner zu ändern! Liebe ihn, weil er ist, wie er ist!« (Die filmische Darstellung des Ehelebens tendiert notwendig zur formalen Inkohärenz und zum abrupten Genrewechsel: Wenn die Widersprüche der Handlung nicht aufgelöst werden können, tritt das Problem oft durch einen hysterischen Ausbruch auf der formalen Ebene zutage.)

mordete Ehemann ist kein Typus, mit dem man sich identifiziert. Wenn hingegen die Frau in Todesgefahr schwebt, wird die Geschichte immer aus ihrer Sicht erzählt. Wir Zuschauer – ob männlich oder weiblich – *sind* die Frau, wir versetzen uns in die gefährdete Figur, sehen die Ehe durch ihre Augen. Hat nicht jeder manchmal das Gefühl, mit einem/einer Fremden zu leben?

Seltsam, dass es kaum kritische Kommentare zu der offenkundigen Tatsache gibt, dass die Populärkultur zahllose Plots kennt, in denen sich Liebe als tödlich erweist, und dass wir nicht nur mit den erwartungsgemäßen Liebesgeschichten bombardiert werden, sondern ebenso mit *Antiliebesgeschichten*: Auf jeden Film, der mit einem glücklichen Paar in liebesbestätigender Umarmung endet, bevor dankenswerterweise ausgeblendet wird, kommt ein anderer, der uns die Angst, Perversion und Langeweile, den Sadismus und die Frustration vorführt, die das Leben zu zweit vergiften. Allerdings neigen diese Streifen zum Genresprung – vom Gruselfilm zum Übernatürlichen zum Thriller zur Komödie – und deshalb kommen wir nicht auf die Idee, den Antiliebesfilm als eigenes Genre zu würdigen, aber andererseits ist das ein wenig, als wäre nie jemandem aufgefallen, dass es eine Menge Filme gibt, in denen Typen mit Cowboyhut durch weite Landschaften reiten. Es erfordert eine gewisse vorsätzliche Ignoranz, ein solches offenkundiges kulturelles Muster zu übersehen. Haben wir hier vielleicht das Genre, das es nicht wagt, seinen Namen zu nennen?

Wenn Geschichten und Themen ständig wiederaufgegriffen werden, ist das kein Zufall, genauso wie die Sagen und Legenden einer Kultur nicht willkürlich und aus dem Nichts entstehen; Anthropologen erhalten Stipendien, damit sie exotische Orte aufsuchen und die Erzählungen der dortigen Kultur festhalten können. Und aus diesem Grund müssen auch wir die Wiederholungen und Muster, die sich durch unsere kulturellen Genres ziehen, als Ablagerungen unserer latenten sozialen Ängste und strukturellen Widersprüche sehen, ob diese nun für die Eingeborenen sofort zu erkennen sind oder nicht. Und im Interesse eines vertieften kulturellen Selbstverständnisses werden wir nun in das unkartierte Hinterland des Antiliebesgenres vorstoßen und sehen, was es dort zu entdecken gibt. Vergessen Sie nicht Kompass und Taschenlampe: Wir treten eine Reise durch die finsteren Sümpfe des kulturellen Unbewussten an, und wir möchten nicht, dass sich jemand verirrt oder versinkt.

Während die Liebesgeschichte die Liebe als Gipfel der menschlichen Erfahrung darstellt, als Weg zu künftigem Glück und Erfüllung – und der Vorhang rasch fällt, sobald die Liebenden nach Überwindung einiger Hindernisse endlich vereint sind –, gibt sich die Antiliebesgeschichte weniger optimistisch. Im Antiliebesfilm beruht die Liebe im Wesentlichen auf einer Fehleinschätzung: Was wie Liebe oder wie ein geliebter Mensch aussieht, wird demaskiert und erweist sich als jemand völlig anderes: in der Regel als Krimineller, oft als Mörder (mit anderen Worten: als Narzisst und noch dazu ein emotionales Kleinkind – Charakterzüge von Partnern, mit denen die meisten von uns unglücklicherweise vertraut sind, auch wenn sie in der Regel von Mordplanungen absehen). Die Liebe, berauschend und trügerisch, erweist sich am Ende als tödlich: eine überlange Übung in Selbsttäuschung. Es mag ja ganz anders angefangen haben, doch meist hat der Protagonist die Vorzeichen einfach nicht erkannt, eine Naivität, die jedem von uns zum Verhängnis werden kann und wahrscheinlich oft zum Verhängnis wird. Aber wie konnte man übersehen, was unter dem eigenen Dach geschah?*

---

* Wir dürfen den Antiliebesfilm nicht mit dem tragischen Liebesfilm verwechseln: Plots, bei denen die wahre Liebe durch Tod, Pflicht oder eine andere böse Wendung der Ereignisse vereitelt wird. Die Prämisse der tragischen Liebe lautet, dass die Liebe hätte überleben sollen, und wir trauern um ihr Ende *(Der englische Patient, Flüchtige Begegnung, Love Story, Message in a Bottle)*. Schwieriger einzuordnen sind Filme, die das Scheitern der romantischen Liebe oder eine Trennung darstellen und dabei Zweifel aufwerfen, die dann gleich wieder beschwichtigt werden *(Kramer gegen Kramer, Eine entheiratete Frau)*. Diese Filme bewahren die Zuversicht für das Unternehmen Liebe – das nächste Mal findet man bestimmt einen besseren Partner. (Vielleicht sollte man diese Streifen als »Lebensabschnitts-Liebesfilme« bezeichnen.)

Wie kann man die Geschichte zu Ende bringen, ohne dass die Zuschauer depressiv und in Selbstmordstimmung hinausgehen: Darin liegt das Dilemma des Genres. Die typische Lösung ist ein Retter, der den oder die Betrogene in letzter Minute aus den Klauen eines bösen Liebesobjekts befreit und als neues Liebesobjekt oder einfach als Helfer auftritt (wie in *Gaslicht*). Auf diese Weise wird das Antiliebesmotiv durch das beruhigende Erklärungsmodell der falschen Objektwahl entschärft. Das Problem war nicht die Liebe an sich, sondern – wieder einmal – ein schwarzes Schaf. Ihr Ehemann ist bereits mit einer anderen Frau verheiratet, plant Ihren Tod oder gedenkt, mit Ihrem Vermögen durchzubrennen? Vergessen Sie einfach diese Niete, schütteln Sie ihn ab und machen Sie einen Neuanfang. Natürlich ist das Ergebnis ein Dilemma für jede Darstellung der romantischen Liebe – vor allem aber für den traditionellen Liebesfilm. Was als Liebesfilm anfängt, mutiert gelegentlich zu einem Antiliebesfilm, einfach indem die üblichen Konventionen des Endes missachtet werden, wobei zufällig – oder absichtlich – die Dürftigkeit der gesamten Prämisse beleuchtet wird. Denken Sie an die berühmte Schlussszene von *Die Reifeprüfung*: Als unser Held seine wahre Liebe von ihrer Hochzeit entführt und sie in einen Linienbus verfrachtet, wird die Leinwand nicht etwa schwarz, wie es die Konvention verlangt, sondern die Kamera bleibt schier endlos auf das Paar im Bus gerichtet, so dass wir uns – wie die beiden sich vermutlich auch – fragen: »Was, zum Teufel, soll jetzt werden?«

Diese Frage ist im Liebesfilm nicht erlaubt. *Sie darf nicht gestellt werden,* und aus diesem Grund ist die Leinwand, die im entscheidenden Moment schwarz wird, das Markenzeichen des Liebesfilms. Wenn solche Fragen regelmäßig gestellt würden, wie sollte dann das Gefühlsleben, wie wir es kennen, weitergehen? Wenn die Kamera weiterliefe, wer weiß, welche Schauergeschichten wir zu sehen bekämen? Deshalb beginnt ein entschlossener Antiliebesfilm, wo die Schlussszene des Liebesfilms endet. Ida Lupinos *Der Mann mit den zwei Frauen* (Lupino führte Regie und spielte eine der betrogenen Ehefrauen), Bergmans *Szenen einer*

Ehe, Mike Nichols *Wer hat Angst vor Virginia Woolf* (nach Pinters Drama) – diese Filme zeigen den grässlichen Beziehungsalltag ohne Weichzeichner. Polanskis *Bitter Moon* verdient besondere Erwähnung, da er einen so kalten, ja perversen Blick auf die Liebe richtet, die sich in Hass verwandelt, dass selbst abgehärtete Zyniker zusammenzucken und wegsehen.

Das Fernsehen (jedenfalls in Zeiten vor der Verkabelung) neigt traditionell dazu, solche Themen zu verschleiern, meist durch Humor. Im Gegensatz zum Filmehemann, der unverhältnismäßig häufig seiner Frau nach dem Leben trachtet, sind TV-Gatten meist unfähige Weicheier, die in ständiger Angst vor ihrer strengen Frau leben. Wer würde vor diesen selbstsicheren Hausfrauen nicht in die Knie gehen: Oberlehrerinnen, die den Großteil jeder Episode damit verbringen, sich über die Inkompetenz ihres Liebsten zu mokieren, ihm zu sagen, wo's lang geht, zu moralisieren oder mit Sexentzug zu drohen, falls er sich nicht am Riemen reißt. Es versteht sich von selbst, dass Frauen den Sex zuteilen, mit Ausnahme von Sitcom-Parodien wie *Eine schrecklich nette Familie,* die Kapital aus der Situationskomik schlagen, wenn eine Frau mal Sex mit ihrem Mann haben will.

Womit wir schließlich beim Ehewitz wären, dem Vorläufer der Familien-Sitcom und Vertreter des Antiliebesgenres par excellence. Würde die Stand-up-Comedy überhaupt existieren, wenn es nicht die Ehehälfte gäbe, über die man sich lustig machen kann? Überdenken Sie die Aussage eines typischen Ehewitzes:

> Zwei Kannibalen sitzen an einem großen Feuer und lecken sich noch die Lippen von der besten Mahlzeit, die sie seit Ewigkeiten genossen haben. »Diesen tollen Braten werde ich deiner Frau nie vergessen«, meint der eine. »Ja«, sagt der andere. »Sie wird mir fehlen.«

Die perfekte Kombination von Wunsch und Aggression, verpackt in die witzige Parodie eines Familienessens.

Witze sind der Königsweg zum kulturellen Unbewussten, meint

Freud in dem interessantesten und ernstesten Buch, das je über Humor geschrieben wurde. Hier ist Freuds Lieblingswitz über die Ehe.

> Eine Ehefrau ist wie ein Regenschirm – früher oder später nimmt man doch eine Droschke.

Erklärung: Männer heiraten, weil sie sich gegen die Verlockung, Prostituierte aufzusuchen, wappnen wollen, so wie ein Schirm gegen den Regen schützt. Aber die sexuellen Freuden der Ehe bieten, wie ein Regenschirm bei Gewitter, einfach nicht genug Schutz. Wenn es schüttet, dann findet man sich früher oder später in der Mietdroschke wieder.

Freud hatte zu dem Thema noch ein paar weitere pointierte Bemerkungen auf Lager, zum Beispiel: »Niemand wagt es, laut und öffentlich zu erklären, dass die Ehe als Arrangement gar nicht dazu gedacht ist, die Sexualität eines Mannes zu befriedigen, es sei denn, er wird von Wahrheitsliebe oder Reformeifer getrieben.« Deshalb werden Witze gebraucht (Schleichwege zur Ehrlichkeit), weil es unmöglich ist, die leise innere Stimme ganz zu ersticken, die »gegen die Forderungen der Moralität rebelliert«. Da die Gleichstellung der Geschlechter inzwischen etwas vorangekommen ist, dürfen nun auch Frauen öffentlich unter sexueller Frustration leiden und lachen, wobei es oft um Penisgrößen geht. Hinzu kommen feministische Witze wie »eine Frau ohne Mann ist wie ein Fisch ohne Fahrrad«, die sich ähnlich wie Freuds Regenschirmwitz auf Ellipse und Absurdität stützen.

Ob man sie nun durch Lachen hops gehen lässt oder um die Versicherung zu kassieren, so oder so äußert sich der Ehezwist zwangsläufig auf der kulturellen Ebene. In den verschiedensten Genres dürfen sich häusliche Aggressionen Luft machen, in den meisten Spielarten der Mainstreamkultur wird Protestgeheul hörbar, und offensichtlich verfolgen wir fasziniert, auf welch brutale Weise Partner beseitigt werden – sei es fiktional im Kino oder real bei der Zeitungslektüre. Bedenkt man das alles, kann man sich des

Eindrucks nicht erwehren, dass unsere Kultur mehr Schwierigkeiten mit ihren Geboten über die Liebe hat, als sie sich eingesteht.

Offenbar ist die Kehrseite unseres Liebessystems der schale Geruch der Polizeiwache, den man nur schwer aus Haaren und Kleidern bekommt. Darüber wird unaufhörlich »gewitzelt« und deshalb sind »Eisenkugel und Kette« zum Synonym für den Ehepartner geworden, deshalb ist die Prämisse des Ehewitzes, dass die Zweisamkeit ein Gefängnis darstellt und die Partner wechselseitig als Wärter fungieren, während der Hausarrest die Daseinsform schlechthin in der modernen Liebe ist. (Cartoon im *New Yorker:* Der Mann sieht fern, während die Frau kocht. Bildunterschrift: »Lebenslänglich ohne Hafturlaub«.) Die Gesellschaftstheorie ist nicht nur Soziologen und intellektuellen Schlaumeiern vorbehalten (oder Ehebrechern, obwohl es hier Überschneidungen geben kann), sie ist auch das Spielfeld von Komikern, weil Witze das bevorzugte Übermittlungssystem für politische Ideen und Sozialkritik zu Tabuthemen sind. Wichtig für das Gelingen eines Witzes ist laut Freud, dass er verbotene oder gesellschaftlich riskante Gedanken artikuliert, uns aber gleichzeitig ermöglicht, sie »mit einem Scherz abzutun« – so dass wir das Vergnügen haben, uns etwas einzugestehen und es gleichzeitig zu leugnen. Man lacht nur über Witze, die auch einen wahren Kern haben. Unterdrückte Wahrheit erntet die größten Lacherfolge. (Wer sich auf die Bühne stellt und es einfach sagt, bekommt keine Lacher, sondern vernichtende Blicke. Was hat *der* für ein Problem?)

> *Komiker:* Ich frage mich: Wer hat mehr Freiheit – ein Junggeselle in China oder ein Ehemann in Amerika? Da muss ich sagen, der Junggeselle in China. Auch wenn er keinen Pass hat, kann er wenigstens ausgehen, wenn er Lust hat. Ich kann zwar das Land verlassen, aber aus dem Haus darf ich nicht.

Anscheinend unterliegt der Vergleich zwischen der Unfreiheit, auf die wir uns im Privatleben einlassen, mit der Unfreiheit, die wir auf politischer Ebene ablehnen, wie so vieles andere einem Denkverbot. Oder wie der Komiker Isaiah Berlin einmal formuliert hat: Wenn sich der Einzelne für die Sklaverei entscheiden und seine Freiheit aufgeben darf, kann man dann wirklich von politischer Freiheit sprechen?

Lautes Gelächter (gepaart mit Verleugnung?) aus dem Land der Passbesitzer unter Hausarrest.

Kapitel Drei

Die Kunst der Liebe

Sie gehören also zu den Leuten, die gar nicht wussten, wie unglücklich sie waren, bis Sie unerwartet in eine lebenserschütternde Liebschaft geraten, sich diesem neuen Menschen in die Arme werfen, um der erstickenden emotionalen Erstarrung zu Hause zu entfliehen, und innerhalb kürzester Zeit setzen Sie Dinge aufs Spiel, die Sie sonst nie im Traum riskiert hätten; dabei haben Sie nicht die leiseste Ahnung, wie Ihnen das passieren konnte und welche Katastrophen hinter der nächsten Ecke (oder der nächsten Kreditkartenabrechnung) lauern? Wenn nicht, strengen Sie bitte Ihre Fantasie an: Stellen Sie sich vor, dass jede noch so schwachsinnige Liebesschnulze sich in Ihr Herz bohrt, dass Sie im Laufe einer Stunde die ganze Bandbreite von Emotionen durchleben, Magentabletten wie Gummibärchen einwerfen, aber was, wenn das millionenmal spannender ist, als alles andere in Ihrem Leben? Selbst wenn Ihre Ehe nicht *absolut* schrecklich war, selbst wenn es gute Zeiten gegeben hat (und immer noch gibt), und hinzu kommt noch die schöne Vertrautheit, die gemeinsame Geschichte und sogar die gegenseitige Zuneigung – sofern sie nicht durch schwärende Enttäuschungen und Verletzungen oder die dräuende Wolke allzu großer Vertrautheit ausgelöscht wurde, was bedeutet, dass Sie, noch bevor ein Streit angefangen hat, wissen, wie er abläuft, und alles, was Sie an sich selber mal gemocht haben, unter der Lawine der Routine begraben wird. Nehmen wir an, Sie haben sogar noch Sex – halbwegs befriedigenden Sex, der seine Aufgabe erfüllt (was ist dagegen einzuwenden?) –, aber wie kann das dem Gefühl standhalten, *neu geboren* zu werden? *Begehrt* zu sein? *Jemanden zu faszinieren?*

Vielleicht sind Sie aber auch jemand, der sich Hals über Kopf in diese Affäre gestürzt hat – vielleicht nicht zum ersten Mal? – und sie als behelfsmäßiges Rettungsboot aus einem sattsam bekannten Unglück nutzt, weil Sie sich nicht durchringen können, etwas dagegen zu unternehmen? Pflegen Sie etwa eine bittersüße Romanze mit Ihrer eigenen Melancholie, mit Ihrer Bußfertigkeit für eingebildete Sünden (manch einer findet nie aus seiner frühkindlichen religiösen Prägung heraus), und sind das die eigentlichen Konkurrentinnen Ihrer neuen Liebe und nicht die Ehehälfte, die zu Hause wartet? Sie haben sich die Suppe selbst eingebrockt, aber Sie löffeln sie ganz gerne mal mit jemand Drittem aus, und die sich so plötzlich bietenden Möglichkeiten sind auch sehr aufregend, auch wenn Sie genau wissen, dass Sie sich letztendlich doch wieder das Büßerhemd überstreifen und reumütig in die emotionale Kühltruhe zurückkehren werden, von der Sie sich nicht lossagen können (oder wollen).

Vielleicht waren Sie aber auch gar nicht unglücklich und zu Hause lief alles bestens, und Sie haben nur das Pech gehabt, sich zu verlieben.

Welchem Typ Sie auch angehören, wie es auch angefangen haben mag, der Punkt ist, dass Sie nicht *vorhatten*, diesem Gefühl zu erliegen, es ist einfach passiert – oder vielleicht hatten Sie auch nicht vor, es zu lassen, oder Sie besaßen nicht den Weitblick und die »Reife«, auf die Bremse zu treten, bevor es zu spät war. Und wenn Sie nach ein paar Bierchen die intimsten Details Ihrer Beziehungsprobleme zum Besten geben und in letzter Zeit vollkommen überstürzt über die Zukunft fantasieren und sich auf emotionale Äste wagen, die unter dem gemeinsamen Gewicht brechen könnten, und Dinge sagen, die wie ein feierliches Versprechen klingen und deshalb lieber ungesagt bleiben sollten. *(»Ich habe mein Leben lang darauf gewartet, jemanden wie dich kennen zu lernen, ich habe noch nie so etwas für jemanden empfunden.«)* Oder wenn Sie in jenen nächtelangen Liebesbeichten immer häufiger mit Bedauern und Sehnsucht in der Stimme Sätze einflechten, die mit »Ach, könnten wir zwei bloß zusammenleben …« beginnen. Oder

wenn Sie mehr als einmal über den beiderseitigen Geschmack in Einrichtungsfragen diskutiert, ja gelegentlich über derlei Fragen gestritten haben (sogar Uneinigkeit in Stilfragen kann, mit Erotik gewürzt, etwas Reizvolles haben, was Ihr Ehepartner leider nie kapiert). Wenn Sie schon darüber fantasiert oder es gar in die Tat umgesetzt haben, den Neuen oder die Neue den besten Freunden oder vorurteilsfreien Angehörigen vorzustellen *(»Meine Schwester wird dir bestimmt gefallen.«)* oder wenn Sie Ihre Notlage schon mit besagten Freunden und Angehörigen besprochen haben – dann kommt das alles nur, weil Sie sich schon so lange mit niemandem mehr *verbunden* gefühlt haben. Sie können Ihr Glück nicht fassen, jemanden geangelt zu haben, der so amüsant und sexy ist und Sie noch dazu anbetet, und im Augenblick überstrahlt die Glückseligkeit die Furcht, wohin das alles führen soll – obwohl Sie schon gelegentlich Bauchschmerzen bekommen und der letzte gesunde Nachtschlaf eine ferne Erinnerung darstellt.
»Glückseligkeit«: häufig gleichbedeutend mit einem heftigen sexuellen Erweckungserlebnis – oder für uns Spätberufene mit einer erotischen Initiation (wer hätte geahnt, dass es so etwas gibt!) –, so dass Sie mit völlig verändertem Bewusstsein und wie elektrifiziert durch die Gegend laufen und über Sex phantasieren: a) wenn Sie morgens aufwachen, b) beim Duschen, c) auf dem Weg zur Arbeit, d) bei der Arbeit, e) beim Gespräch mit dem Chef, f) auf Sitzungen, g) bei ehelichen Haushaltsplanungen, h) beim Essen mit der Familie oder mit Freunden, i) beim Versuch, nach dem Abendessen zu arbeiten, weil Sie tagsüber wegen Ihrer erotischen Träumereien nichts zustande gebracht haben. Das alles bedeutet, dass das gesamte Konzept des »Alltags« eine radikal neue Dimension gewonnen hat, Sie fangen vom erotischen Standpunkt gesehen ein neues Leben an. Natürlich schließt die »Neuheit« nicht aus, dass auch eine Prise Konventionelles im Spiel ist. Aber das spürt man nicht, wenn man mitten drin steckt.

Denn es macht *Spaß*. Man fühlt sich als *Rebell*. Statt sich wie Melvilles braver Schreiber Bartleby pflichtschuldigst über Projekte oder Berichte zu beugen, die schon vor Tagen oder Wochen fällig gewesen wären, sitzen Sie am Computer und verfassen witzige Kurzromane, die per E-Mail an den Geliebten/die Geliebte gehen. Jedes Mal, wenn Sie auf »senden« klicken, lenken Sie Ressourcen um: Ihre Produktivität, Ihre Aufmerksamkeit, das Geld Ihres Chefs. Rebellion? Das ist buchstäblich Industriesabotage. Vom aufrechten Bürger zum Kleinkriminellen: auf Diebestour im Warenlager der Firma, beim Schwarzfischen im Teich des Chefs, so unbrauchbar für den Produktionsprozess wie ein liebeskranker Pubertierender oder ein romantischer Dichter – nein, mit dieser Einstellung werden Sie wohl kaum Angestellter des Jahres. Sie befinden sich in einem Zustand permanenter Erschöpfung und Auflösung, die halbe Nacht wälzen Sie sich im Bett herum, oder Sie hocken mit Ihrem Telefon im stillen Kämmerchen oder auf dem Gäste-WC, den ganzen Tag fühlen Sie sich angenehm benebelt, gerade wach genug, um Ihr nächstes heimliches Rendezvous zu planen. Oder aber Sie brabbeln unentwegt am Telefon, und das heißt, Sie sitzen bis spätabends an der Arbeit, die tagsüber liegen geblieben und die – ach du Schande! – morgen fällig ist. Aber was soll's? Wie aufmunternd ist doch das Gefühl, ganz neue Seiten an sich zu entdecken: eine Seiltänzerin, einen Entdeckungsreisenden, eine neugeborene Jungfrau, als Wordsworth. Sie sind ein Farmer in der Halbwüste, dessen ausgedörrte Äcker durch einen wundersamen Regen in üppige grünende Gefilde verwandelt wurden, und dort, wo noch vor kurzem Öde und Verzweiflung regierten, herrscht nun das blühende Leben. Sie schaffen die Welt neu durch Gefühle und Begierden, und das ist eine Vollzeitbeschäftigung. *Scheiß auf die Arbeit!*

»Scheiß auf die Arbeit«: Wenn die Ehebrecher sich jemals einen Slogan wählen, dann käme dieser in Frage. Ebenfalls nicht schlecht: *»gestohlene Augenblicke«*. Ja, was für ein blödes Klischee. Aber bedenken Sie, was Slogans und Klischees über die Natur einer Erfahrung enthüllen. Sie müssen kein Heidegger sein, um zu entdecken, dass Sein und Zeit fürwahr eng verknüpft sind und der Ehebruch nichts anderes tut, als Ihr Sein in der Zeit auf den

Kopf zu stellen.* Man bedenke: Wo spielt die Armbanduhr eine geringere Rolle als in der heimlichen Liebschaft? In der Agonie des Ehebruchs verlieren selbst die pünktlichsten Pedanten das Zeitgefühl, versäumen Verabredungen, setzen zwei Termine gleichzeitig an, tauchen auf, wenn die Dinnerparty längst angefangen hat – lassen sogar ihre Uhr an Orten liegen, wo sie nichts verloren hatten. (Vorsicht bei überstürztem Aufbruch: hohe Verlustrate an Accessoires.) Im Grunde riskieren Sie fast alles für eine halbe Stunde mit der neuen Liebe, manchmal wird auch eine dreiviertel Stunde daraus oder eine ganze, oder Sie sind eingenickt und – *»Mein Gott, wie spät ist es?«*. Zu Hause angekommen, greifen Sie in die Trickkiste und tischen komplizierte Ad-hoc-Erklärungen für diese mysteriösen Lücken im Tagesablauf auf, um Ihren Partner von einer eventuellen Suche nach der verlorenen Zeit abzulenken. Allerdings ist anzumerken, dass diese Augenblicke zwar verstohlen, aber nicht gestohlen sind, denn sie »fordern ihren Preis«, und der heißt (wie jeder weiß, der schon einmal ein unerlaubtes Techtelmechtel hatte): *Täuschung*. Oder »Ausreden« oder »Erklärungen« – wählen Sie den Begriff, der am wenigsten wehtut, denn Sie müssen exorbitante Summen dafür hinblättern, um sich etwas »Freizeit« zu erkaufen, die Ihnen in Hungerleiderportionen zugeteilt wird. (Beachten Sie die Ironie.)

Vom aufrechten Bürger zum durchtriebenen Betrüger: Sie entziehen den rechtmäßigen Eigentümern – Ehepartner, Arbeit, Kinder, Haustiere – wachsende Anteile dieses wertvollen Guts, *Zeit*, um anderswo Ihr gehortetes Bargeld zu verschleudern, wie ein Spieler, der alles zusammenkratzt, um noch einmal setzen zu können, weil diese geklauten Augenblicke Ihnen die Kraft geben, den ganzen sonstigen trübsinnigen Alltag durchzustehen. Je verliebter Sie sind, umso großzügiger bezahlen Sie; für einen »freien« Abend riskieren Sie die Bloßstellung, Sie setzen Ihren Ruf aufs Spiel, Ihren Besitz und ... denken wir lieber nicht drüber nach. Mit einem

* Martin Heidegger: bedeutender Philosoph des 20. Jahrhunderts und ebenfalls notorischer Ehebrecher (seine Haupteroberung: die Philosophin Hannah Arendt).

wirklich wasserdichten Alibi, überzeugend vorgetragen, können erhebliche Zeitanteile erworben werden. Sie müssen Überstunden machen *(»Bleib bloß nicht auf und warte auf mich!«);* plötzlich sind zahlreiche Reparaturen am Auto fällig; unglaublich viele Erledigungen stehen an, und an die Geschäftsreise wird unerwartet noch ein Tag drangehängt. Oder Sie wollen was für Ihren Körper tun und besuchen regelmäßig ein Fitnesscenter, oder Sie widmen sich einem Forschungsprojekt, das Sie häufig in die Bibliothek führt (Ihr Familienstammbaum? Ein Heilmittel gegen Alzheimer?) oder – es gibt doch bestimmt noch andere Orte, wo man das Handy besser ausschaltet. Wie wär's mit der Kirche?

»Freizeit«. Was für eine Illusion! Nein, Zeit ist ein knappes Gut, wie Sie bald feststellen werden, da Sie nun den Wunsch hegen, möglichst große Beträge auf das Konto Ihrer neuen Liebe zu überweisen. Heda, ihr Ehebrecher, wieder mal spät dran? Historische Fußnote: Den Rhythmus der Industrialisierung zu verhöhnen hat sich zu einer beliebten Form des Widerstands entwickelt, seit die Moderne das Zeitmanagement und die Herrschaft der Uhren eingeführt hat. Grüßen Sie Ihre Vorläufer: Landstreicher, Bohemiens, Beatniks, Hippies und Aussteiger. Sie befinden sich hier in ehrenwerter Gesellschaft, denn es waren die Romantiker – der Kreis um den englischen Dichter William Wordsworth –, die den Protest gegen die sich anbahnende Weltherrschaft der Zeitmessung und der Industrie anführten; sie erwiesen sich als hellsichtige Mahner in einer Epoche, als noch nicht jeder Winkel des Lebens, von der Muße bis zur Liebe, zeitlich erfasst war. In seinem berühmten Gedicht *Prelude* polemisiert Wordsworth gegen

Die Führer, Wächter unsrer Geisteskräfte,
und Verwalter unsrer Müh'n, stets wachsam,
Die mit der Zeit zu wuchern wissen,
Kluge Leute, die im voraus planen,
Jeden Zufall kontrollieren, und auf die Straße,
Die sie ersannen, uns zwingen
Wie Maschinen ...

Die Regulierung des Seins in der Zeit war die notwendige Bedingung, um Menschen, gekennzeichnet durch lästige Individualität und unvorhersehbare Begierden, mit den Anforderungen des Industriezeitalters zu versöhnen, ja sie war maßgeblich für die Schaffung des modernen Fabriksystems überhaupt: Das Leben nach der Uhr war – und ist – die Grundvoraussetzung für die Schaffung einer fügsamen Arbeiterschaft. Der Historiker E. P. Thompson hebt hervor, dass die Verbreitung der Uhren bereits symptomatisch für die neue puritanische Disziplin und die aus ihr resultierende bürgerliche Genauigkeit gewesen sei, aber es war erst die Industrie, die Maßregelungen wie Strafgelder, Glocken, Pfeifen und Stechuhren einführte und damit einer bisher unpünktlichen Bevölkerung ein verinnerlichtes Zeitgefühl einpflanzte. (Hand in Hand mit den äußeren Regeln ging eine neue moralisierende Rhetorik, die Pünktlichkeit und Werte wie Arbeit, Sparsamkeit, Ordnung und Zuverlässigkeit predigte.) Das Ergebnis? Das Ergebnis sind wir: Die Zeit organisiert unser Sein von innen nach außen – nicht nur die ersten Lektion in utilitaristischem Denken, die jeder mitbekommt, sondern eine Haltung, die alle so erfolgreich geschluckt haben, dass Glocken und Pfeifen überflüssig geworden sind. Die bürgerliche Genauigkeit ist die Verzeitlichung unseres innersten Wesens. Das heißt, dass selbst der leiseste Protest gegen das Zeitmanagement sorgsam beobachtet werden muss, denn wer an der Zeit herumfuhrwerkt, der verwässert den Kitt, der unsere gesellschaftliche Ordnung zusammenhält.*

Wer aber mit dem falschen Partner im falschen Bett landet, sich in Träumereien verliert und das Zeitgefühl einbüßt, wird vom Normalbürger zum säumigen Sozialkritiker und Erben des romantischen Protests. Wenn sich ehebrecherische Fehltritte nicht auf das Schlafzimmer beschränken, sondern auch in die angrenzenden

* Ein häufig gehörter Verdacht unterstellt, dass gewisse Minderheiten eine allzu respektlose oder gar rebellische Haltung gegen die Arbeitszeiterfassung haben, was der Mehrheit Anlass zu zahlreichen besorgten (oder neidischen) Witzen zu diesem Thema gibt.

Räume vorzudringen beginnen – erst in den eigenen Haushalt, um von da in die Nachbarschaft auszustrahlen –, dann haben die Konservativen und Moralprediger möglicherweise gar nicht so unrecht, wenn sie über sexuelle Fehltritte klagen. Vielleicht gibt es ja tatsächlich einen Dominoeffekt, der den gesellschaftlichen Zusammenhalt unwiederbringlich besudelt und zerreißt (wie es die Weltuntergangspropheten und Abstinenzbefürworter vorhersagen), was hieße, dass der Ehebruch weit mehr ist als leises Protestgeheul gegen die unabänderliche »Ordnung der Dinge«. Er ist nur einen Schritt vom Umsturz entfernt.

Oder vielleicht auch nicht. Doch ganz gleich, welche politische Bedeutung man dem sexuellen Fehltritt beimessen möchte – eine Frage, die unter Rechten nicht weniger strittig ist als unter Linken –, wir können, ohne Widerspruch zu riskieren, wenigstens festhalten, dass der Ehebruch einer konservativen Vision des Gesellschaftslebens ein Dorn im Auge ist. Aber auch für die Kultur insgesamt bietet der Fehltritt Anlass zu Kontroversen, und hier schwankt man beständig zwischen Annäherung und Vermeidung – eine regelrechte Hassliebe. Gefahrlos isoliert im Museum oder im Ghetto des Galerienviertels wird der Fehltritt durch Kunstförderer und Ästheten wegen seiner befreienden Expressivität gefeiert. Wer ihn praktiziert, erntet großes Lob für seine mutigen Regelverstöße und seine kühne Fantasie. Ein Schnurrbart für Mona Lisa, ein signiertes Urinal im Museum – sofern sie das Siegel der Kunst und des romantischen Mythos vom Talent tragen, können Grenzüberschreitungen aller Art, seien sie ästhetisch oder gesellschaftlich, als eigene Sphäre des Einfallsreichtums betrachtet werden; Rebellion und schlechtes Benehmen ernten als privilegierte Domänen von Wahrheit und Einsicht große Bewunderung. Das ist die durch die Moderne sanktionierte Methode, versumpften Gefühlswelten kalkulierte Schockerlebnisse zu verpassen. All das ist inzwischen unter dem Etikett »Avantgarde« und »Moderne« oder heutzutage auch »Postmoderne« ebenso fest etabliert wie der Brauch, derartige Anstrengungen in eine Art Streichelzoo zu verbannen, in den die Kulturgemeinde am Wochenende strebt, um mit wohligem Schauder die Wildnis zu erleben.

Aber warum sollte das Aushebeln von Konventionen Künstlern vorbehalten bleiben? Warum sollten nur Dichter und Maler ihren Spaß haben, warum nur Angeber mit Stipendien und schickem Kunstakademieabschluss die Bourgeoisie schockieren dürfen? Warum darf nicht jeder experimentieren und neue Sichtweisen erfinden, mit Verfehlungen spielen und dafür Lob einheimsen? Die Verbannung der Kreativität aus der normalen Arbeit und ihre Ansiedlung in der Künstlerklasse mag eine unselige Wendung der Geschichte sein – ein Nebenprodukt jener gesellschaftlichen Arbeitsteilung, die von den schlauen Zeitmanagern der Industrialisierung eingeführt wurde –, aber man muss ja nicht auf ewig daran festhalten. Dasselbe gilt für die Vorstellung, Kunst und Leben seien je für sich autonome Sphären und die Künstler eine abgesonderte privilegierte Kaste. Das ist lediglich eine Übereinkunft des Denkens, keine eigenständige Lebenstatsache. Wenn wir etwas lernen können vom bunten Reigen unserer Avantgardebewegungen – das heißt, bevor sie vereinnahmt und konservativ wurden, bevor sie das Leben gegen eine Museumsexistenz eintauschten –, dann doch, dass alle Mainstream-Institutionen gerissenen Saboteuren wehrlos ausgeliefert sind, dass alle Formen des gesellschaftlichen Zusammenlebens, sobald sie sich in ihrer selbstzufriedenen Dominanz eingerichtet haben, kreative Schandtaten und Überraschungsangriffe durch zufällig entstehende Gruppierungen und Bewegungen geradezu herausfordern. Die Religion hat ihre Ketzer, das Militär seine Meuterer, der Konsumterror seine Ladendiebe, die Schulpflicht ihre Schulschwänzer, und wie wir gesehen haben, werden durch die häusliche Zweisamkeit die Bedingungen für den Ehebruch geschaffen – oder begünstigt. Offenbar sprudeln die Quellen der Avantgarde überall unter den verlogenen Konventionen und der oberflächlichen Regelhörigkeit des »normalen Lebens« – es gibt nur einfach keinen Markt dafür. Keine Förderer, keine Auftraggeber, keinen Castelli oder Christie's. Allerdings dürfte keinem, der je gezwungen war, sich mit der Geschichte der modernen Kunst zu befassen, entgangen sein, dass das Thema des Ehebruchs – der Akt, die Androhung, die Gegnerschaft, die Lobpreisung – die treibende Kraft hinter fast allen Werken darstellt, die im letzten Jahrhundert Bedeutung erlangten; wahrscheinlich bemerkt man auch die strukturelle Ähnlichkeit mit den weniger hochgelobten (und weniger kontrollierten) Formen des Ehebruchs, die wir hier betrachten.* Was den kreativen Ausdruck betrifft, so wird die offizielle ästhetische Sphäre selbst längst nicht mehr von der Visualität allein beherrscht; Brüche konzeptueller und psychologischer Art sind im Kanon des Expressiven gut eingeführt, während das Terrain des Privatlebens als Thema schon längst ausgeschlachtet wird und ganz neue Genres geschaffen hat, die sich aus dem Ich und seinen Enthüllungen speisen.

Umgekehrt besitzt der Ehebruch an sich durchaus eine gewisse ästhetische Dimension: Man beachte seine schmutzige Körperlichkeit, seine durchlässigen Grenzen, die verschiedenartigen Perspektiven und die Zersplitterung der Perspektive, die er schafft. Konventionen werden über Bord geworfen, zufällige Elemente eingeführt, neue Gesichtspunkte konstruiert. Man betrachte zum Beispiel die Position des Dritten, der zugleich Teilnehmer und Publikum für ein Unmenge ästhetischer Grenzverletzungen ist: der Marcel Duchamps der häuslichen Zweisamkeit. Als Dritter bekommen Sie *viel schmutzige Wäsche* zu sehen (und vielleicht sorgen Sie auch selbst für den einen oder anderen Fleck). Möglicherweise dürfen Sie irgendwann einmal das Familiendomizil besichtigen, erhalten Gelegenheit, die Schränke, das Arzneikästchen oder den Kühlschrank zu inspizieren; oder Sie sehen sich Familienfotos an, wenn Ihnen das etwas gibt; Sie werfen einen Blick auf die Post und inspizieren das Bücherregal. Vielleicht übernachten Sie – oder was auch immer – gelegentlich im Ehebett. Wenn Kinder da sind, werden Sie bald mit deren Problemen, Leistungen und Rebellionen vertraut

* Der maßgebliche Text zu diesem Thema ist Clement Greenbergs einflussreicher Essay »Avant Garde and Kitsch« (1939), wobei der Kitsch hier die Rolle des Ehebrechers spielt.

sein. Möglicherweise nehmen Sie an gesellschaftlichen Anlässen teil, wo auch der Ehemann anwesend ist, in dem Wissen, dass Sie seine Geheimnisse kennen, er aber nicht die Ihren. (Wenigstens glauben Sie das. Schließlich wusste der Ehemann in Pinters Stück *Betrogen* von Anfang an Bescheid; die Frau hatte nur vergessen, es ihrem Geliebten zu sagen – zufällig der beste Freund des Mannes. Erst Jahre später findet er es heraus.) Die Verspottung der ehelichen Ordnung, selbst wenn sie diskret erfolgt, ist immer eine unsaubere Angelegenheit, die den häuslichen Frieden stört, wenn auch unsichtbar. Aber Unsauberkeit hat auch gewisse ästhetische Vorzüge (nun sind Sie der Jackson Pollock der häuslichen Zweisamkeit), insbesondere als Reaktion auf eine übertrieben geordnete Existenz, den spiegelblanken Haushalt und den »schönen Schein« und zur täglichen Wiederholung des sattsam Bekannten.

Oder das Dreiecksverhältnis: das ästhetische Markenzeichen des Ehebruchs. Wie eine riesige Erdskulptur, die die wesentlichen geometrischen Verhältnisse des Soziallebens – die Paarbeziehung – neu ordnet, nämlich unter Ummodelung der Konturen und der Infrastruktur der modernen Intimität von der Verbindung zweier Punkte zum Dreieck. Über das Dreiecksverhältnis ist viel zu viel zu sagen. Eine oft erzählte Anekdote aus der Kunstgeschichte: Der surrealistische Maler Max Ernst soll seiner Geliebten Meret Oppenheim (Schöpferin berühmter surrealistischer *objets*, beispielsweise von »Frühstück im Pelz«) ein Paar weiße Pumps geschenkt haben, die seine Frau Marie-Berthe nicht mehr trug; Oppenheim machte aus den Schuhen eine Skulptur mit den Titel *Mein Kindermädchen*. Marie-Berthe soll später das Kunstwerk zerstört haben, als sie es in einer Ausstellung surrealistischer Kunst in Paris entdeckte.

Sind wir Ehebrecher nicht alle Amateurkünstler? Wir Lumpensammler und Improvisateure, die aus Resten und Überbleibseln merkwürdige Assemblagen konstruieren: Ein paar Schnipsel Zeit und einige schlummernde Gefühle werden zu etwas ganz Unvorhersehbarem, zu einer neuen Erfahrung zusammengefügt. Außerdem sind wir unvermeidlich Parodisten: Die Gesellschaftsstruktur wird auf jeden Fall verspottet, da Anstand und Ordnung ja auf Schritt und Tritt verletzt werden können. (Die besten Parodisten sind immer Insider: Man muss die Logik des Systems gründlich kennen, um seine Lieblingsillusionen zu sabotieren und um seine Schwachpunkte listig bloßzustellen.)

Befassen wir uns noch einmal mit dem fundamentalen Verstoß gegen Sitte und Anstand: dem Besuch in der *ehelichen Wohnung*. Achtung: Hier kann einiges schief gehen. Und zwar weil Menschen nun mal zu Unordnung und Chaos tendieren. Wer sich sonst mit Anmut durch die Welt bewegt, wird plötzlich zum Tollpatsch: Die Nippsachen geraten ins Wanken, das Porzellan ist in Gefahr. Normalerweise gut organisierte Menschen leiden unter jähen Vergesslichkeitsattacken: Accessoires werden verlegt, und »irgendwie« bleiben verschiedene Spuren ihrer Anwesenheit zurück. Nicht selten entwickeln sich sonst unauffällige Charaktere kurzzeitig zu Kleptomanen: Warum nicht ein, zwei Souvenirs mitnehmen? Aber Vorsicht: Häuser, Möbel, ja selbst Haushaltsgeräte haben ihre Loyalitäten und ihr Gedächtnis, sie haben Augen und Ohren, wie in einem Stephen-King-Roman können und wollen sie die Geheimnisse der Eindringlinge preisgeben. Denken Sie an die Schlüsselrolle des Staubsaugers in *Sex, Lügen und Video*. Das Schicksal nimmt seinen Lauf, als Cynthia im Schlafzimmer ihrer Schwester Ann einen Ohrring verliert – und zwar bei einem nachmittäglichen Schäferstündchen mit Anns Mann John –, der dann den Staubsauger blockiert. Ann ahnt natürlich sofort, wie er in ihre Wohnung geraten ist. Und lassen Sie sich die Geschichte B.s eine Warnung sein, eines normalerweise eher schüchternen, rücksichtsvollen Menschen, der in der Wohnung seiner verheirateten Geliebten J. zum Abendessen erscheint (der Ehemann ist praktischerweise auf Geschäftsreise). Alles geht gut, bis das Gespräch zu einem Thema abschweift, das beide nicht besonders interessiert und über das sie auch nicht viel wissen (Schulmedizin versus ganzheitliche Naturheilkunde). Dabei fällt der Satz »Bist du dumm«, mit dem J. auf eine nicht gerade durchdachte Bemerkung B.s reagiert, es kommt zum Streit, auf dessen Höhepunkt B. mit der Faust ein Loch in die Wand des Esszimmers schlägt. Welcher Teufel hat ihn da bloß geritten! Der Ehemann wird am nächsten Tag zurückerwartet, und die beiden machen sich hektisch auf die Suche nach einem Stuckateur mit 24-Stunden-Service. (Eine echte Marktlücke, wie sich herausstellt.)

Oder bedenken Sie den Fall von C., ebenfalls Opfer eines solchen häuslichen »Unfalls«. C. hat großzügig angeboten, auf das kranke Kind von Freunden aufzupassen, da deren Babysitter sie unverhofft im Stich gelassen hat und beide am Arbeitsplatz unentbehrlich sind; zufällig schläft C. mit einem der Elternteile. Mit welchem spielt für unsere Zwecke keine Rolle. Wichtig ist nur, dass C. wirklich gern hilft (das Hilfsangebot ist für C. sogar eine Erleichterung: Gute Taten sind harte Währung in der Schattenwirtschaft der Schuldgefühle). Doch als C. einen Topf Suppe aus dem Kühlschrank holt, um ihn für das kranke Kind aufzuwärmen, kippt der Topf »versehentlich«. Erbsensuppe. Im Kühlschrank. Ein Topf Erbsensuppe, grüner Glibber, der sich über das reine Weiß des Kühlschrankinneren ergießt und in jede Ecke und jeden Winkel vordringt. Das bekommt man nie mehr richtig sauber. Die verkrustete Erbsensuppe im Kühlschrank wird die Affäre und wahrscheinlich auch die Ehe überdauern. Die Moral von der Geschicht: Mit Wohnungen und Küchenutensilien ist Vorsicht geboten.

Selbst wenn man sich von Heim und Herd mit all den bösartigen Haushaltsgeräten und den provozierenden Wänden fernhält, wird das häusliche Leben doch Einfluss auf Sie als Dritten gewinnen und Ihre Existenz in ganz unerwarteter Weise auf den Kopf stellen. Plötzlich sehen Sie sich in Haushaltsangelegenheiten und Botengänge einbezogen; vielleicht lernen Sie die Freunde Ihrer neuen Liebe kennen, die das Geheimnis kennen oder auch nicht; möglicherweise besprechen Sie die Situation mit diesen Freunden, die natürlich stille Teilhaber der Affäre sind (oder die mit leichtem Unbehagen ahnen, dass auch Sie in ihre kleinen Geheimnisse eingeweiht sind). Ihr Alltag wird durch Launen, Arbeit, Reisen, Erkältungen, Pilzinfektionen, Essensgewohnheiten des hintergangenen Partners bestimmt, der womöglich noch dazu zu Eifersucht und Misstrauen neigt und im ungeeigneten Moment auf dem Handy anruft. Dasselbe gilt umgekehrt, schließlich wird Ihr Verhalten auf der Gegenseite ebenfalls registriert. Denn Sie haben das Wohl und Wehe dieses Menschen praktisch in der Hand. Schützen Sie einen ahnungslosen Partner vor dem Geheimnis, das seine Welt erschüttern könnte, oder wirken Sie (vielleicht »unbewusst«) an seiner Aufdeckung mit? Wie leicht ruft man im falschen Augenblick an, versäumt es, die Geliebte rechtzeitig zu wecken, damit sie pünktlich nach Hause kommt, hinterlässt vielsagende Spuren auf ihrem Körper, ihrer Kleidung, ihrem Auto oder unterlässt es, den Geliebten zu ermahnen, wenn er sich »unvorsichtig« verhält. (Später mehr zu diesem interessanten kleinen Syndrom.)

Es versteht sich von selbst, dass Ehebrecher samt und sonders mit den intimsten Aspekten der früheren Beziehungen des anderen vertraut gemacht werden. Wozu dient denn sonst das postkoitale Gespräch? Es ist ein Schlüsselloch zum Intimleben der Paarbeziehung, und es ist ausschließlich von Ihrem Standort einsehbar – dem ehebrecherischen Bett –, weil eine Paarhälfte zum Saboteur geworden ist, der den Bauplan des Tresorraums weiterreicht. Geheimnisse werden ausgeplaudert, peinliche Wahrheiten preisgegeben, jede Diskretion über Bord geworfen. Liebende sagen einander, was sie niemandem eingestehen würden, nicht einmal sich selbst. Vielleicht sind Liebesbeziehungen dazu da, das Unsagbare zu sagen. (Wenigstens ist das die Eintrittskarte: »*Ich bin einsam.*« »*Mir ist langweilig.*« »*Komm mit rauf.*«) Ganz gleich wie der Mechanismus funktioniert, Sie als Dritter werden bald über ein kleines Arsenal intimer Informationen über die »andere« Beziehung verfügen. Je nach Redseligkeit oder Unzufriedenheit Ihrer neuen Liebe und je nachdem, ob Sie selbst gern direkte Fragen stellen oder lieber Rückschlüsse ziehen, werden Sie bald vollständig im Bilde sein: ein illustrierter Katalog an Klagen, eine ungekürzte Geschichte des Ehestreits, über Jahre angesammelte Enttäuschungen und Treuebrüche sowie ein psychologisches Profil des hintergangenen Partners, das an Detailreichtum an Freuds Fallstudien heranreicht. Es geht um einen Menschen, den Sie vielleicht noch nie gesehen haben, den Sie aber bald sehr genau kennen: jede Neurose, ob klein oder groß, jeder Tick, jede lästige Angewohnheit, Unnachgiebigkeit oder unvernünftige Erwartung, jede nicht gerade charmante Eigenheit. Aber sollten Sie sich einmal über den Weg laufen – vielleicht sind Sie das ja schon? –, werden diese Eindrücke revidiert werden müssen; offensichtlich kennen Sie nur »eine Seite der Medaille«.*

Doch nichts schafft so rasch Nähe wie die Klage eines Ehepartners, und noch dazu eine Klage über seine Ambivalenz hinsichtlich der Gestalt, mit der Sie letztlich rivalisieren; ausgestattet mit der Innenansicht der Privathölle zweisamen Leids oder zweisamer Langeweile und in dem Wissen, dass nur Sie allein Ihrer/Ihrem Liebsten Linderung verschaffen können – wie man Ihnen in den geflüsterten Telefongesprächen, den schmerzerfüllten E-Mails versichert –, das kann doch ganz schön verführerisch wirken, nicht wahr? Die Charakterfehler des oder der Betrogenen werden zum beliebten Gesprächsthema, und jede neue Anekdote, jede häusliche Ungerechtigkeit schweißt Sie als Liebende enger zusammen. Sie ist verbittert; er ist emotional unnahbar; sie wird immer dicker; er will immer seltener. (Es versteht sich von selbst, dass der andere das Interesse an Sex verloren hat oder noch nie besonders daran interessiert war oder nie die Initiative ergreift, oder nur nach Fahrplan, oder keine erotische Phantasie besitzt oder sich immer erst lange überreden lässt oder dieses und jenes nicht macht – oder jedenfalls nicht annähernd so gut wie Sie.) Das Leben zu zweit ist entweder eine kahle Wüste oder ein Schlachtfeld oder eine Abfolge alptraumhafter Wiederholungen, gekennzeichnet von Überdruss, Streit, Schweigen

* Vielleicht sind Sie sich ja tatsächlich schon begegnet. Ja, auch innerhalb des Bekanntenkreises wird gelegentlich fremdgegangen, und in der Dynamik dieser Zusammenkünfte ist der abwesende Partner nie ganz abwesend. Seien wir einmal ehrlich: Ist das nicht auch ein bisschen aufregend? Schließlich werden wir in ein Dreiecksverhältnis hineingeboren; vielleicht ist es aus diesem Grund ein Szenario, das nie ganz seinen Reiz verliert.

oder unvernünftigen, unersättlichen Forderungen. Und all das verschafft Ihnen, dem oder der »Anderen«, Gelegenheit, Ihre ganze Güte zu demonstrieren, der »bessere Mensch« zu sein – vernünftig und weniger neurotisch. Ein Helfer in der Not. Hin und wieder ergreifen Sie vielleicht sogar für den oder die Betrogene Partei, werden hinter den Kulissen zum Schiedsrichter beim Ehestreit, bieten Rat, Einsichten, therapeutische Hilfestellung. Warum nicht Gnade walten lassen? Wenn es schon ein Wettbewerb ist – obwohl das ein bisschen unwürdig klingt –, solange diese Klagen anhalten, haben Sie die Nase vorn. (Natürlich können Ehegattenklagen verbindend wirken, vor allem wenn sie chronisch werden – das Ventil, mit dem der Dampf abgelassen wird, damit das System in Gang bleibt. Aber wir eilen der Geschichte voraus.)

Nicht jeder, der fremdgeht, jammert über seinen Partner. Viele lassen Umsicht walten und sind auf ihre Art sogar loyal: Den Partner mögen, respektieren, lieben und trotzdem »mehr wollen« ist kein unbekanntes Phänomen in den Annalen des menschlichen Begehrens. Wenn aber die Paarbeziehung den gesellschaftlich abgesegneten Hort für Nähe, Besitz, Kinder und Libido darstellt, dann ist der Ehebruch die städtische Sammelstelle für Streit und Unglück – den Sondermüll der Zweisamkeit. Ein kleiner Tipp für euch »Andere«: Wenn Sie mit Ihrem/Ihrer Liebsten gelegentlich den stinkenden Beziehungsmüll sichten, achten Sie darauf, dass Ihre Tetanusimpfung aufgefrischt ist. Müllsortieren birgt Gefahren. Man weiß nie, worauf man als nächstes tritt, also Vorsicht. Da stolpert man leicht über ekelhaftes Zeug, verliert das Gleichgewicht und holt sich einen Hautausschlag.

Aber auch ohne Klagelieder lösen sich Grenzen auf und verfließen die Farben. Das heißt, Sie werden im Lauf der Zeit auch mit dem abwesenden Partner sozusagen intim. Und hier kommen wir zu den wirklich schmutzigen Aspekten der Dreiecksbeziehung. Auch wenn Sie die Person nicht kennen, teilen Sie doch vieles mit ihr. Es geht nicht nur darum, dass bestimmte sexuelle Details ausgeplaudert oder angedeutet wurden, sondern dass der Körper des Partners in allen Einzelheiten auf dem Ihren gespiegelt wird. Sie geraten in eine leidenschaftliche Beziehung, weil der andere Partner das Interesse verloren hat, unter Depressionen leidet, Antidepressiva schluckt, unausgeglichen oder unentschieden, impotent oder frigide ist. Und seien wir ehrlich, in jeder langfristigen sexuellen Beziehung spielen sich Techniken und Rhythmen in Reaktion auf den Körper und die Vorlieben des anderen ein. Jetzt betreten Sie, Partner Nummer zwei, die Bildfläche. Geliebt zu werden, als würden Sie die sexuellen Neigungen eines anderen teilen, sorgt für eine ziemlich intime Beziehung zu dieser Person, deren erotische Präferenzen nun an Ihrem Körper Anwendung finden. Vielleicht rücken aber auch Techniken in den Mittelpunkt Ihres Liebeslebens, auf die der Partner nicht so scharf ist, werden von abwechslungshungrigen Ehebrechern vorsichtig vorgeschlagen – oder gefordert? Und auf der anderen Seite der Gleichung lieben Sie, der fremdgehende Partner, Ihre neue Liebe mit der Lust – aber manchmal auch dem Unbehagen – des Ungewohnten und registrieren unterdessen Ähnlichkeiten und Unterschiede. Sie entdecken vergessene Fähigkeiten, Akte und Begierden neu, und gleichzeitig vergleichen Sie, wägen ab, experimentieren und registrieren unabänderlich die Abwesenheit jenes allzu vertrauten Körpers, mit dem Sie das Bett teilen, wenn Sie schließlich wieder zum Schlafen ins traute Heim zurückkehren. Aber manchmal doch nicht nur um zu schlafen? Wie peinlich, wenn Sie aus dem ehebrecherischen Lager aufstehen und zu Hause mit unerwartetem Liebeshunger empfangen werden! Oder nehmen Sie es eher als gutes Zeichen? Routine spielt sich eben ein, weil sie funktioniert, und auch das Verlässliche bietet Freuden.

Wenn wir schon von Überschneidungen und undichten Stellen sprechen: Gibt es Ehebrecher, die so streng zu scheiden wissen, dass die Bilder der neuen Liebe nicht gelegentlich – oder sogar häufig – den ehelichen Akt unterstützen? Ja, der Körper des oder der Anderen wird wie ein Grillanzünder benutzt, um das erkaltende Sexualleben in der Partnerschaft neu zu entflammen. Das kann funktionieren oder auch nicht, und Sie ertappen sich dabei, dass Sie Lust heucheln wie eine alternde Prostituierte, die beim letzten Kunden der Nacht angekommen ist und nur noch hofft, dass es bald vorüber ist. Oder schlimmer noch, Sie können nicht mehr heucheln und suchen nach einer geeigneten Ausrede oder, am allerschlimmsten, Sie betrachten die ganze Geschichte aus kritischer Distanz *(»Muss ich mir wirklich immer genau im gleichen Augenblick dieses leise Stöhnen anhören?«)* und sind in einem inneren Monolog gefangen, der einfach nicht verstummt. Oder der Körper des Partners wirkt plötzlich ein wenig abstoßend, und Sie bemerken verschiedene störende Eigenheiten der Körperpflege oder Essgewohnheiten oder körperliche Anomalien *(»Wer hat denn an dieser Stelle schon Haare?«)* oder diese kleinen Eigenarten, die früher Zärtlichkeit weckten und nun allmählich ein wenig ... ekelhaft erscheinen. Das sind eindeutig schlechte Zeichen. Vielleicht merken Sie jetzt, dass das alles gar nicht so einfach ist, wie Sie gehofft hatten. (»Außer Kontrolle geraten« sagt man in solchen Fällen.) Und wie Freud hervorhebt, ist es von der Lust zum Ekel nicht weit – oder nur so weit wie von den Sexual- zu den Ausscheidungsorganen. Ja, nach Freud ist der sexuelle Ekel das anatomische Schicksal, das wir in der Sphäre der Liebe unablässig abwehren, und, so ein Pech aber auch, mit schwindendem Erfolg, wenn die Liebe verblasst – oder vielleicht verblasst sie gerade deshalb.*

---

* Freuds verallgemeinerte Darstellung des Ekels unterscheidet sich von eher historisch orientierten Analysen wie Norbert Elias' *Über den Prozess der Zivilisation.* Aufgrund seiner Lektüre von Benimmbüchern der frühen Neuzeit (die plötzlich bisher akzeptiertes Verhalten wie das Schnäuzen in den Ärmel ächteten oder Anweisungen gaben, wann und wo man furzen darf) verfolgt Elias die Ausweitung und Veränderung von Feingefühl und Takt gegenüber unseren Körperfunktionen bis heute – und merkt auch an, dass die verschärften Regeln und die zunehmende Verfeinerung als Scham- und Peinlichkeitsgefühl verinnerlicht und zum Dreh- und Angelpunkt der modernen Psyche werden. Mit anderen Worten, wo Freud Ekel im Hinblick auf die individuelle Entwicklung deutete (Kinder ekeln sich nicht vor ihren Körperausscheidungen, sondern spielen sogar gern damit; die Repression greift erst später), überträgt Elias die Entwicklungsgeschichte auf die westliche Kultur. Natürlich finden beide Darstellungen Kritiker, aber es ist wohl nicht zu leugnen, dass der Ekel seinen Schatten auf die Nöte der modernen Intimbeziehung und der sexuellen Attraktivität wirft.

Und wir dürfen den Ekel vor uns selbst nicht vergessen. Es verdient Erwähnung, dass die Täuschung des Partners nicht gerade dazu beiträgt, unsere Selbstachtung zu heben: Die Heimlichkeiten fordern ihren Preis. Zwar hört man gelegentlich, dass eine gewisse beiderseitige Unehrlichkeit hinnehmbar sei, wenn sie eine langfristige Beziehung stützt, doch in Amerika sieht man dies eher als »europäische« Einstellung an, das heißt eine entlegene und nicht ganz »saubere« Vorstellung. (Eine neuere Umfrage hat jedoch gezeigt, dass die Einstellung zur Monogamie in Frankreich sich nicht von den Verhältnissen in Amerika unterscheidet.) Doch angesichts der moralischen Verpflichtung, mit der das Thema Unehrlichkeit in der Partnerschaft befrachtet ist, und in Anbetracht der Vertreter des Tierreiches und der unteren Körperregionen, die zur Bezeichnung der Täter herangezogen werden, könnte die Beschäftigung mit diesen Fragen eine gewisse Abfederung des Selbstbilds erfordern: Alkohol ist ein probates Mittel, unterstützt von automatisch durch das Kleinhirn abgespulten Rechtfertigungen. (Die »Seltenheit des ehelichen Geschlechtsverkehrs« rangiert dabei in der Hitliste seit langem ganz weit oben.)

Aber geben wir einmal zu, dass das Thema Ehrlichkeit nie ganz aufrichtig erörtert werden kann und daher eine stichhaltige Selbstprüfung sich als heikle Angelegenheit erweisen könnte. Tatsache ist, dass die Gesellschaft uns allen regelmäßig Täuschungsmanöver abverlangt und sich hier niemand als Unschuldslamm gebärden kann. (Wer hat sich noch nie krank gemeldet, ohne strenggenommen krank zu sein, oder wenn der angeblich zu beerdigende Angehörige noch ziemlich munter war? Wer hat noch nie eine Einladung mit einem einfallsreichen Alibi abgelehnt, weil die Zeit anderweitig sinnvoll genutzt werden konnte, und sei es, um einfach nichts zu tun?) Nicht selten greifen wir auf Tricks zurück, wenn wir uns auf trügerischen Pfaden durch die gesellschaftliche Welt bewegen mit ihren lästigen zwischenmenschlichen Forderungen und ihren Double-Bind-Situationen. Jeder, der eine Sozialisation durchlaufen hat, weiß, dass das Zusammenleben nicht ohne Lügen abgeht *(»Du siehst großartig aus«; »Ich rufe dich an«)*, und sieht vermutlich auch ein, dass die Geselligkeit, wie wir sie kennen, ohne Unehrlichkeit zum Erliegen kommen würde. Man muss nicht Oscar Wilde heißen, um zu erkennen, dass der Umgang mit Freunden, Arbeitgebern, Verwandten oder Schwiegereltern den gelegentlichen Rückgriff auf das falsche Selbst erfordert, wenn man durch den Tag kommen will.

Das Leben in der Gemeinschaft verlangt uns sogar noch weit ausgefeiltere Täuschungsmanöver ab als die gesellschaftliche Lüge, nämlich ein gerüttelt Maß an Selbsttäuschung. (Ob man sich dem Selbstbetrug hingibt, sich für einen »aufrichtigen Menschen« zu halten, obwohl man mit Hilfe kleiner Lügen den Alltag bewältigt, steht jedem frei.) Sozialwissenschaftler, die das Thema untersuchen, haben festgestellt, dass wir nicht nur automatisch auf Täuschungsmanöver zurückgreifen, sondern uns auch bereitwillig täuschen lassen, das heißt, wir merken es meist gar nicht, wenn wir belogen werden. Könnte es sein, mutmaßen die Forscher, dass wir es nicht wissen wollen? Denn es stellt sich heraus, dass Menschen in der Regel kaum beurteilen können, ob sie einer Täuschung unterliegen oder nicht, und dass die Hinweise, an denen wir Aufrichtigkeit und Lüge zu erkennen glauben – Vermeiden von Blickkontakt, nervöses Zucken, zögerliches Sprechen – größtenteils gar nichts über die Ehrlichkeit aussagen. Zwar trauen sich die meisten Menschen zu, eine Lüge als solche zu erkennen, und obwohl auch unser Justizsystem auf der Annahme beruht, bei einer Gegenüberstellung der Wahrheit auf den Grund zu kommen, ist die Erfolgsrate sogar unter Profis gering: Sie liegt gerade mal bei fünfzig Prozent – das heißt, sie kommen nicht mehr Lügnern auf die Schliche als durch bloßes Raten. Die frustrierten Forscher mussten den Schluss ziehen, dass Menschen einfach nicht hinreichend motiviert sind, Lug und Trug zu durchschauen, und vielleicht sogar aus Selbstschutz dazu neigen, der Wahrheit nicht so genau ins Auge zu sehen. Wer andere mühelos durchschaut, würde sich zweifellos schwer tun, dauerhafte Beziehungen zu unterhalten. Die klügere Strategie ist es, den Lügen aufzusitzen, denn so bleibt einem die Einsamkeit und Isolation erspart, in die man leicht gerät, wenn man jede Falschaussage von Freunden und Angehörigen enttarnen könnte. Kurz gesagt, man könnte jedes erfolgreiche Täuschungsmanöver als komplexen zwischenmenschlichen Pakt zwischen Lügner und Belogenem auffassen, der dazu dient, der Wahrheit nicht ins Auge sehen zu müssen.

Doch obwohl ein gewisses Maß an Unaufrichtigkeit eine Konstante des gesellschaftlichen Lebens darstellt, obwohl das Aufspüren von Unwahrheiten sogar den eigenen Interessen schadet, lautet die Prämisse der modernen Zweierbeziehung, dass wir unsere Intimpartner gerade *nicht* belügen: Wir stellen uns die Zweisamkeit gern als private Enklave der Ehrlichkeit vor, die von der Falschheit und Oberflächlichkeit der gewöhnlichen Welt verschont bleibt. Generell wird die Ansicht vertreten, wenn man sich nicht mehr die Wahrheit sagt, sei die Beziehung gescheitert. Zumindest äußert sich die Mehrheit der Amerikaner so: Dieses Thema bot schließlich in der Clinton-Ära viel Stoff für politische Kommentare, Meinungsumfragen und Gespräche am Kaffeeautomaten. (Besonders häufig tauchte die Frage auf, warum Hillary keinen Schlussstrich unter ihre Ehe zog, als sie mit Bills chronischen Lügen konfrontiert wurde, und man deutete es oft als Zeichen moralischer Schwäche, dass sie bei ihm blieb, und schrieb es ihrem zügellosen Ehrgeiz zu.) Dieses Beziehungsparadigma behauptet, das Verbrechen des Ehebruchs richte sich nicht allein gegen die Monogamie, sondern, schlimmer noch, gegen die Ehrlichkeit, die angeblich herrschte, bevor der Ehebruch alles ruinierte.

Zweifellos muss sich jeder, der wie die meisten von uns Transparenz für die Grundvoraussetzung einer Beziehung hält, zutiefst verletzt fühlen, wenn er den anderen bei einem Täuschungsmanöver ertappt. In der Regel fühlen wir uns nicht nur getäuscht, sondern auch missachtet, ja gedemütigt. Die Ironie – wenn wir diese Bezeichnung wagen – dabei ist, dass man meist auf die Lüge zurückgreift, um andere *nicht* zu verletzen. »Auf irgendeiner Ebene« wurde eine Güterabwägung getroffen (wieder kann die strenge Gewissensprüfung zu diesem Thema entmutigende Ergebnisse liefern), und zwar mit dem Ergebnis, dass die Wahrheit etwas oder jemanden gefährden könnte; die Täuschung kann daher als weniger schlimme Entscheidung erscheinen, wenn man in einer schizophrenen Lage steckt – etwa wenn Unvereinbares von uns verlangt wird, zum Beispiel wenn die Gesellschaft (oder der Partner) etwas von uns fordert, das eigene Seelenleben aber etwas anderes. Aber zwei Dinge gleichzeitig zu wollen entspricht schließlich der Topografie der Freudschen Psyche. Wir sind gespaltene Persönlichkeiten: Erst regiert das Ich, dann das Es oder besser gesagt: beide gleichzeitig; beide werden von Fantasien und Wünschen getrieben, die nie ganz dem Realitätsprinzip gerecht werden, und wenn die Sozialisation und ihre Schlägertrupps, sprich Schuldgefühle und Selbstbestrafung, noch so sehr draufhauen. Mehr als einen Wunsch zu hegen ist wahrscheinlich das größte Tabu der modernen Beziehung, aber wer die Libido als Ganze in die engen Grenzen der Zweisamkeit einschließt und sich mit einer Welt vorgeschrumpfter Wünsche begnügt, macht sich doch in den Augen mancher auch des *Selbstbetrugs* schuldig – ein Begriff, der das Selbst zutiefst gespalten und mit sich uneins zeigt.

Daher der Lug und Trug in der Zweisamkeit. Nein, schön ist das nicht. Niemand hegt Bewunderung für einen Lügner, und wahrscheinlich strebt auch niemand an, einer zu werden. Aber heißt Unehrlichkeit in Beziehungen letztlich etwas anderes, als dass ein Pechvogel seine Emotionen nicht mehr mit den institutionellen Vorschriften in Einklang bringen kann, dass seine Wünsche nicht automatisch in Reih und Glied marschieren wie Gänseküken? Könnte nicht aber auch die Prämisse falsch sein, die das verlangt? Gänse sind eine Sache, Menschen mit ihrer unordentlichen Subjektivität eine andere. Eine exaktere Beschreibung der Situation wäre, dass wir unser seelisches Wohlbefinden einer Institution verpfändet haben, die selbst auf ausgeklügelten Fiktionen beruht – zumindest insofern, als Gefühle unvorhersehbar, Wünsche nicht immer kohärent und statisch sind –, dass es nicht in den Bereich der exakten Wissenschaft fällt, zu ermitteln, was der Mensch auf dem Gebiet der Liebe und Nähe will, und dass dieser Mensch sich sogar gelegentlich ändert. Niemand ist rechtlich oder moralisch verpflichtet, sich an einen Vertrag zu halten, der auf falschen Prämissen beruht. Wenn die Konventionen, die wir aufrechterhalten sollen, auf Dauer nicht haltbar sind – oder jedenfalls nicht immer und für jeden, trotz der eingeforderten bedingungslosen Gefolgschaft –, wer ist dann eigentlich der Lügner?

Leider sind die Täuschungsmanöver des Privatlebens für alle Beteiligten nicht örtlich begrenzt, sie produzieren auch Querschläger. Und wenn uns die Tugenden der Wahrheit und Offenheit noch so sehr am Herzen liegen, jetzt mal ehrlich, wer will das schon? Oder wünschen wir uns eigentlich Wahrheit, aber bitteschön ohne Unbequemlichkeiten – das heißt schmackhafte Wahrheiten, Wahrheiten, die nichts gefährden, weder unsere Emotionen noch unsere Immobilien noch im Falle der Zweierbeziehung unsere Gewissheit, dass »es« funktioniert und zwei zutiefst gespaltene Individuen mit begrenzter Selbsterkenntnis affektiv und sexuell im Einklang leben (auch im Hinblick auf so brenzlige, nicht immer vorhersehbare Probleme wie der sexuellen Exklusivrechte)? Wollen wir »Wahrheit« oder wollen wir, dass sich unser Partner an all die Restriktionen seiner Wünsche und Bewegungsfreiheit hält, die wir für unser seelisches Wohlbefinden brauchen? (Der Vollständigkeit halber sei erwähnt, dass beides nicht deckungsgleich sein muss.)

Leider spielt der Partner in dieser von Lug und Trug durchsetzten Situation eine Doppelrolle: Einerseits ist er der potenziell Verletzte, andererseits die Exekutive einer verlogenen Institution. (Und vielleicht auch selbst Betrüger.) Ja, den Partner einer Lüge zu überführen, ist ein emotionales Eigentor. Man hofft, dass sich die Überlebenden vom Schlachtfeld schleppen, aber manche werden sich nie ganz von ihren Verwundungen erholen. Von diesen Horrorszenarien abgeschreckt, wenden Sie den Blick ab, denn Sie wissen, dass es ständig passiert, hoffen aber, dass es Ihnen erspart bleibt. Aber da nun einmal so viele Tonnen explosives Material im Umlauf sind, wird ein gewisser Prozentsatz auf jeden Fall hochgehen. (Aber fragen Sie sich nicht auch manchmal – vielleicht ein bisschen mitleidlos –, ob manche der Opfer das Schicksal nicht herausgefordert und in unübersichtlichen Kurven Gas gegeben haben, zu arglos, selbstsicher waren?)* Das ist alles so entsetzlich und doch so völlig normal – bis es Ihnen selbst passiert, versteht sich. Nun ist es einmal so, dass der Straßenverkehr seine Opfer fordert, das ist das Teil des Systems. Genauso verhält es sich mit unserem von Schlaglöchern geplagten Beziehungssystem, vor allem da es die eigenen Widersprüche leugnet, stattdessen Gedächtnisschwund vortäuscht und großen Schaden anrichtet, nur um an den eigenen Selbsttäuschungen festhalten zu können. Wir übrigen tragen emotional die Hauptlast und das alles nur, um das Selbstgefühl einer Institution vor der narzistischen Kränkung zu bewahren, einen fundamentalen Irrtum zugeben zu müssen: davon auszugehen, dass individuelle Wünsche und soziale Erfordernisse sich automatisch decken. Oder, falls man das nicht annimmt, zumindest, dass fehlgeleitete Wünsche durch Willensanstrengung und Verzicht wieder auf den rechten Weg gebracht werden können. Die Frage »Was ist, wenn das nicht klappt?« wird einfach nicht diskutiert: Das ist Ihr Problem.

Das führt uns wieder zu ... Ihrem Problem zurück. Wie jeder weiß, der schon einmal eine der verfügbaren Rollen im Drama des Ehebruchs übernommen hat, stellt sich irgendwann einmal die Frage der Zukunft. Nimmt die Geschichte ein Ende, und welches? Wer kommt ungeschoren davon und wer nicht? Welche Allianzen bewähren sich, welche werden gelöst? Offenbar ist das Gespenst der Veränderung ebenso verführerisch wie erschreckend. Aber bevor Sie sich überstürzt zur Wahrheit bekennen oder sich den Weg zur Freiheit freigraben oder die Flucht ergreifen, rufen Sie sich in Erin-

---

* Ja, diese Szenen, diese komischen kleinen Paarrituale kann man auch als emotionales Spiel auffassen. Das heißt: Hat nicht jeder, der »erwischt wird«, dies bis zu einem gewissen Grad herausgefordert? Und umgekehrt, da wir offenbar kein großes Geschick besitzen, Lügen zu durchschauen, muss man da nicht ein fanatischer Schnüffler sein, um überhaupt etwas herauszufinden? Ziehen sich solche Paare an? Findet jede fremdgehende Ehefrau ihren Staatsanwalt, jeder Lügner seine findige Detektivin?

nerung, dass bewaffnete Wachposten das Gelände patrouillieren – Kinder, die öffentliche Meinung, das Überich – und die Kampfhunde auf einen Skandal gieren. Der nächste geächtete Paria, von Freunden und Verwandten gehasst, der allen wehtut, nur um sein feiges egoistisches Streben nach Glück zu befriedigen – ja, diese verabscheuungswürdige Jammergestalt könnten Sie sein.

Manche Liebschaften enden nicht, sie ziehen sich über Jahre hin, entwickeln sich gar zu einer Art Hilfsehe. (Tony Tanner merkt zu Flauberts Roman *Madame Bovary* an, dass es durchaus möglich sei, im Ehebruch die ganze Banalität der Ehe wiederzuentdecken – aber muss uns das unvermeidlich erscheinen?) Manche Liebschaften gehen gut aus, sie verblassen zu zärtlichen Erinnerungen oder Freundschaften – ein allmähliches Abflauen der Leidenschaft kann zu einer solchen Lösung führen. (Bei dieser Gleichung ist jedoch entscheidend, dass es sich um ein allmähliches *beiderseitiges* Abflauen handelt: Niemand wird gern abserviert, wenn er selbst noch libidinös involviert ist.) Manche Liebschaften entwickeln sich zu richtiggehenden Beziehungen: Alte Partnerschaft werden gelöst, neue eingegangen. (Vermutlich mit all den üblichen häuslichen »Problemen« und Verboten: die zweite, dritte, vierte Ehe ist meist kein echter Neuanfang, sondern nur eine Fortsetzung altbekannter Zweisamkeit.)

Aber Liebschaften wecken oft das Gefühl, dass man sich völlig verändert, und wie selten bietet sich im normalen Leben, das sich per se der Veränderung widersetzt, Gelegenheit, so etwas zu erleben. Sie geben sich Emotionen hin, die Sie halb vergessen hatten: begehren und begehrt zu werden (wie überwältigend das sein kann, wenn es schon eine Weile her ist), und der Reiz des Neuen natürlich, aber was Sie tatsächlich bis in die frühen Morgenstunden am Telefon festhält – bei Gesprächen von einer seelenvollen Tiefe, die Sie sich selbst gar nicht zugetraut hätten, und sehnsuchtsvollen geflüsterten Bekenntnissen – ist ein ganz anderes neues Liebesobjekt: *Sie selbst.* Die neue Liebe wirft Ihnen ein faszinierendes Spiegelbild zurück, und geben Sie es zu, Sie sind in beide schrecklich verknallt.

Da wären Sie also, umgewandelt auf Zeit, rasend vor Liebe, schrecklich durcheinander, an der Schwelle zu ... etwas. Entweder hatten Sie gar nicht bemerkt, wie unglücklich Sie waren, oder Sie wusste es genau, oder es ging gar nicht darum – aber wie es auch angefangen hat, ob es das erste Mal ist oder das letzte Mal ... sagen wir mal, alles ist unerwarteterweise *komplizierter* geworden, als Sie vermutet hatten. Sie sind verliebt, Sie sind außer sich, haben das Gefühl, dass Ihr Leben drunter und drüber geht, Sie müssten *nachdenken,* aber Nachdenken ist im Augenblick nicht Ihre Stärke. Etwas hält der Spannung nicht stand. Vielleicht fängt dieser wunderbar verständnisvolle Seitensprungpartner plötzlich an, Forderungen zu stellen, oder beruft sich auf einen zuvor festgelegten Zeitplan oder erinnert Sie an überstürzte Äußerungen und implizite (oder explizite) Versprechen oder gibt psychologische Einschätzungen von sich, die ein bisschen zu viel Wahrheit enthalten (schließlich kennt dieser Mensch Sie nach all den Bekenntnissen und postkoitalen Vertraulichkeiten ziemlich gut), oder er missversteht das »Ich liebe dich« und »Was wäre wenn« – die Semantik des ganz normalen Unglücks, wie jeder weiß oder wissen sollte – als Sprache einer echten Zukunft und fordert jetzt eine Entscheidung ein? (Zugegebenermaßen hören sie sich ähnlich an, und rastlose Ehebrecher versprechen wie in Haft gealterte Kriegsgefangene praktisch alles für den Sprung in die Freiheit.) *»Aber du hast doch gesagt ...«*, klagt der oder die Geliebte – als hätten Sie nicht auch gesagt, Sie hätten keine Ahnung, was Sie da tun. *»Ich habe es auch so gemeint«*, protestieren Sie, aber der Klang Ihrer eigenen Stimme gefällt Ihnen gar nicht. Oder: *»Ich wollte nie jemandem wehtun«*, was sich ebenfalls ziemlich schwächlich anhört.

Nein, nicht jedem gelingt eine saubere Lösung – oder wenigstens eine saubere Fortsetzung – zumindest nicht unter den gegebenen Umständen, wo so viele Widersprüche, Unmöglichkeiten und Lügen herumschwirren, die in diesen beengten Räumlichkeiten zu Querschlägern werden, und wir noch dazu zu klarer Selbsterkenntnis unfähig sind. Und in dieser Lage ist *äußerste Vorsicht* geboten! Verheerende Orkanfronten könnten auf Sie zukommen:

Die Winde fegen unheilverkündend über den Hof, werfen Gartenstühle um, ein Hochspannungskabel stürzt herab, allmählich sieht's zappenduster aus – und zwar in Ihrer Psyche. Ja, unter solchen Wetterverhältnissen erleben nette Leute oft schlimme Dinge, zum Beispiel kommt es in solchen Augenblicken nicht selten zu »zufällige Entdeckungen«. Unerklärlicherweise liegt ein Brief herum, ein Telefongespräch wird mitgehört, eine E-Mail falsch adressiert, eine Verabredung versäumt, der Partner stellt Nachforschungen an, und Sie sind nicht dort, wo Sie sein sollten, und ...

Wie konnte das passieren? Das Leben besteht plötzlich nur noch aus Schmerz und Aufruhr. Man schreit sich an, es gibt Tränen, ein Ultimatum wird gesetzt, die häusliche Zweisamkeit artet in ein Chaos aus. Sie wissen nicht, was Sie *tun* sollen. Qualvolle Unterredungen mit dem/der Geliebten, wütende, tränenreiche oder erbitterte Auseinandersetzungen mit dem Partner; Notfallbesprechungen mit dem Therapeuten; ausufernde Unterhaltungen mit Freunden, die bereit sind, die Krise mit Ihnen durchzustehen.

Ein Vorschlag: Versuchen Sie's doch mal mit Zerknirschung. *»Ich wollte dir wirklich nicht wehtun. Ich bin ein Scheißkerl.«* Wenn Sie das gut hinkriegen, könnte es bei der Partnerin und der Geliebten gleichermaßen hinhauen. Natürlich kann es auch daneben gehen: Vielleicht fühlt sich keine von beiden wunschgemäß in Ihr Dilemma ein. In diesem Fall können Sie es mit dem Gegenangriff versuchen: »Schau, wie unglücklich *ich* war. Schau, wozu *du* mich getrieben hast.«

Wenn der Partner bereit ist, einen Teil der Schuld auf sich zu nehmen, kann das Ende der Liebschaft genau die richtige Geste sein, die einen »Neuanfang« ermöglicht. Und vielleicht wird danach tatsächlich alles besser. Der Partner schwört, aufmerksamer oder weniger kritisch oder sexuell mutiger zu werden. Sie beide verpflichten sich, an der Beziehung zu *arbeiten*. Eheberater werden hinzugezogen, berufliche oder häusliche Verbesserungen ins Auge gefasst, der Ankauf eines Eigenheims erwogen – es wird wieder in die Beziehung investiert. (Vielleicht schleicht sich irgendwo im Stammhirn ungebeten der Gedanke ein, dass die aufgedeckte Affäre ja immerhin zu einer Verbesserung der Ehe geführt hat?)

Doch es versteht sich von selbst, dass sich die häusliche Zweisamkeit, kaum ist die Liebschaft aufgeflogen, in eine Art südamerikanischen Polizeistaat verwandelt, mit regelmäßigen Hausdurchsuchungen und Festnahmen, rituellen Verhören über Aufenthaltsorte und Bekanntschaften. Vielleicht werden auch weitergehende Beweise gefordert. Schreibtischschubladen werden durchforstet, Rechnungen überprüft, und so genannte Freunde bilden ein Netzwerk von Informanten, das der Stasi zur Ehre gereicht hätte. Ein Therapeut aus Baltimore empfiehlt Paaren, die Untreue überlebt haben, einen »Familienfonds« einzurichten, den der betrogene Partner nutzen kann, um bei Bedarf einen Privatdetektiv anzuheuern, der das Wohlverhalten des anderen überwacht. (Damit werden künftige Seitensprünge das Geschick und die Doppelzüngigkeit eines Anthony Blunt erfordern.)* Aber Sie haben Ihre Lektion gelernt – Sie werden sich nie wieder ambivalent fühlen, stimmt's? Es könnte zwar ein paar Jährchen dauern, bis Sie wieder allein das Haus verlassen dürfen, aber es ist doch schön, wieder daheim zu sein. (Leider erscheint Ihnen das neue Ich, das Sie während Ihrer Affäre kennen und lieben gelernt haben, nun wie ein entfernter Bekannter, eine flüchtige Begegnung; die neue, aber schon verflossene Liebe, der Sie noch unlängst Leib und Seele verpfändet haben ... wie weh es tut, daran zu denken. Also lassen Sie's, nur manchmal schmerzt die Sehnsucht, und das dunkle Loch, das sich auftut, wo einst dieses aufregende Gefühl der Lebendigkeit war – und die Offenheit und der tolle Sex und der ganze Spaß –, aber Sie wissen, dass Sie die richtige Entscheidung getroffen haben, auch wenn Sie sich irgendwie mies vorkommen, obwohl Sie zur Zeit keine Lust haben, über sich nachzudenken.)

---

* Für Leser, die den Kalten Krieg nicht miterlebt haben: der berüchtigte »vierte Mann«, ein sowjetischer Spion, der so hervorragend getarnt war, dass ihn Queen Elizabeth sogar zum Ritter schlug.

Manch einer zieht es vor, ein Geständnis abzulegen, statt ertappt zu werden, auch wenn »vorziehen« nicht immer das treffende Wort ist, weil Sie mitten in der Nacht aufgewacht und damit herausgeplatzt sind, oder auf die unschuldige Frage des Partners »Wie war dein Tag?« ein völlig ungeplantes Bekenntnis folgte – *»Da ist etwas, das ich dir sagen muss«* – oder ein allzu pointierter Witz, eine unverhoffte Frage *(»Hast du etwas mit –?«)* erwischt Sie kalt und Ihr Gesicht verrät alles. Oder Sie sind weder ertappt, noch kalt erwischt worden, noch haben Sie ein Geständnis abgelegt, sondern die Schuldgefühle und inneren Konflikte machen Ihnen zu schaffen, weil es *wirklich* ernst ist und Sie einfach kein Doppelleben führen wollen mit all den komplizierten Balanceakten, die das erfordert, oder wenigstens geben verschiedene psychosomatische Symptome ein Warnsignal. Oder aber Sie versagen bei der Arbeit vollkommen, oder Sie sind irgendwo gesehen worden und verfallen deshalb in Panik, oder Sie sehen einfach ein, dass Sie dem Druck nicht länger standhalten.

Wie es auch kommt, wie es sich im Einzelnen abspielen mag, Sie sind an einen Scheideweg geraten. Es gilt, Entscheidungen zu treffen, große, bedrohliche, lebensverändernde Entscheidungen. Bleiben oder gehen? Einen Schlussstrich ziehen oder weitermachen? Aber *wo* den Schlussstrich ziehen? Den Versuch wagen, dieses wunderbare Hochgefühl festzuhalten, die aufregenden Möglichkeiten und das bezaubernde neue Ich, in das Sie sich verliebt haben? Und den »Preis zahlen« – ohne zu wissen, wie hoch er ausfällt? Oder sich für Reife und Stabilität entscheiden und den Rückzug in eben das Leben, aus dem Sie noch unlängst entfliehen wollten und das sich schon länger tot und deprimierend anfühlt, als Sie sich einzugestehen wagen. Schwere, unwägbare, schmerzliche Fragen quälen Sie bei Tag ebenso wie in Ihren schlaflosen Nächten. Wer sind Sie? Was dürfen Sie sich vom Leben erhoffen? Ist es das Risiko wert, etwas zu riskieren? Warum ist eine Veränderung unmöglich? Können Sie sich vorstellen, sich von Ihrer Unzufriedenheit loszusagen, oder ist sie eine so altvertraute Freundin, dass Sie sich nur noch in ihrer Gegenwart selbst verstehen?

Sie kennen die Antwort nicht. Noch nie haben Sie sich so elend gefühlt.

Wenn die Möglichkeit, das eigene Leben zu ändern, gelegentlich ans Licht drängt wie ein winziges, zartes Pflänzchen, das sich durch die harte Erde nach oben kämpft, steht schon ein ganzes Arsenal geschliffener Gerätschaften bereit, um es niederzumähen, bevor es Wurzeln schlagen kann! Warum sich die Dinge nicht ändern, lässt sich nur durch eine lange komplizierte Geschichte erklären. (Die »Dinge« kann die häuslichen Absprachen bedeuten, die Persönlichkeit der Beteiligten oder die gesellschaftlichen Strukturen überhaupt, denn schließlich bestärken sich diese Aspekte gegenseitig.) Im Hinblick auf das Zusammenleben betätigt sich jeder unglücklich Liierte als heimlicher Wirtschaftsprüfer, der mit seiner eigens erarbeiteten Formel die Kostennutzenrechnung für faule emotionale Kompromisse erstellt, um den Wert von Risiken, getätigten Investitionen und künftigen Erträgen abzuwägen. Teilen Sie Ihr derzeitiges Unglück durch Ihre finanzielle Situation in der Partnerschaft, multiplizieren Sie dies mit einer privat festzulegenden Variablen – als da sind Schuldgefühle, Angst vor dem Unbekannten, wie soll ich es den Kindern erklären (oder den Verwandten oder den Freunden) – und heraus kommt der Trübsalsquotient: eine exakte Maßeinheit für die emotionale Leichenstarre, die Sie im Austausch gegen ein Gefühl von Sicherheit und Stabilität in Kauf nehmen.

Natürlich gibt es keine Garantien, wenn Sie sich für die Veränderung entscheiden. Aber chronisches Unglück ist auch nicht gerade ein fruchtbarer Boden, auf dem die Flexibilität gedeiht, die für einen Umwandlungsprozess erforderlich ist, selbst wenn er sich auf die nächste Umgebung beschränkt. (Ein Partnerwechsel mag einem wie eine schwerwiegende Entscheidung vorkommen, im Gesamtlauf der Dinge hat er aber eher begrenzte Auswirkungen.) Ebenso mögen eine leichte Depression und gewohnheitsmäßiger Selbsthass die Nebenprodukte des Unglücks zu zweit sein, sie sind aber ebenso die inneren Voraussetzungen, die uns ursprünglich in diesen emotionalen Tauschhandel getrieben haben und uns so zäh an ihm festhalten lassen. Ja, es gibt ausgetretene Fluchtwege – Liebschaften, die »Midlife-Crisis« –, aber sie sind auch mit dem verlorenen Gepäck und den gebrochenen Versprechungen der Verzagten übersät, die auf unvorhergesehene Hindernisse stießen – Panik, Schuldgefühle, inszenierte Bloßstellung – und sich zur Umkehr gezwungen sahen. (Zu den generationsübergreifenden Wiederholungszwängen des Unglücks zu zweit und zum erblichen *Geschieht-mir-recht*, lesen Sie bitte weiter unten mehr.)

Kein Wunder, dass wir angesichts der leicht entzündlichen Kombination von Sex und Romantik so oft nicht wissen, was wir tun. Die unzufriedenen Klassen finden stets neue, kreative Wege, lebensverändernde Sehnsüchte und Begierden mit einem völligen Mangel an Einsicht zu kombinieren und sich illegale Elendshütten aus Fetzen gestohlener Augenblicke und geklauter Emotionen zu errichten, in denen sie sich ausgehungert und gierig einnisten wie Touristen im Schlaraffenland, deren Visum bald abläuft. Aber darüber nachzudenken, bringt einiges durcheinander: Der Weg von der Erleuchtung zum Scheidungsrichter ist ein schlüpfriger Pfad, das weiß jeder Inhaber eines Bankkontos. Daher der spontane Protest *(»Ich wollte das alles gar nicht!«)* und die Tsunami des Augenblicks, der einen so leicht erfasst *(Ich hätte nie gedacht, dass es so ernst werden könnte!)*. Natürlich stellt sich die Körperempfindung oft vor der bewussten Analyse ein (wie Marx es vor langer Zeit beim Bewusstsein des Überarbeiteten feststellte): Man merkt, dass man sich miserabel fühlt, und fragt sich, warum. Oder noch wahrscheinlicher, man kommt einfach nicht drauf, warum.

Diese gestörte Beziehung zwischen Fühlen und Denken, dieser Abgrund zwischen körperlichen Begierden und Selbsterkenntnis – sie sorgen dafür, dass die Seelenklempner nicht arbeitslos werden. Aber trotz der privatisierten Sprache der Therapie handelt es sich hier nicht nur um ein privates Dilemma, sondern um ein kollektives, mit den entsprechenden gesellschaftlichen Dimensionen. Wilde Streiks gab es lange vor der Arbeiterbewegung, das »Ausleben« stand in der Geschichte immer vor der Erkenntnis. Wenn der spontane Aufstand ein vorpolitisches Handeln ist, dann leitet sich daraus ab, dass kollektive Erkenntnisse deshalb blockiert sind, weil ihre Freisetzung einige wohlgehütete Interessen in Gefahr bringen und zu gravierenden Umwälzungen führen würden. Daher werden alle verfügbaren Mittel aufgeboten, um eine solche Entwicklung zu verhindern, und dabei greift man auf immer feinere Methoden zurück: Es werden nicht etwa Soldaten an jeder Ecke postiert, sondern man schreibt uns vor, wie wir die Welt zu sehen haben, dazu zählt auch der »gesunde Menschenverstand« und Alltagsweisheit und sogar all die beruhigenden Klischees, an die wir uns in unsicheren Zeiten halten, wenn verlockende Möglichkeiten der Veränderung am Horizont erscheinen und uns in Panik versetzen.

Eines dieser Klischees lautet: *»wegen der Kinder«*. Ja, vergessen Sie nicht, dass man an die Kinder denken muss, sofern vorhanden. Eine Lösung wäre, den verbleibenden Utopismus und die lebensverändernden Wünsche in die Kinder zu investieren, und die wird natürlich von der Gesellschaft gebilligt. »Wegen der Kinder«: Ende der Diskussion. Was für ein nobles Opfer, die Tugend ist Ihr Fürsprecher. Allerdings wird das Argument »wegen der Kinder« viel eher selektiv bei schuldbeladenen Themen wie Scheidung herangezogen als bei Fragen des Geldbeutels wie etwa den Bildungsausgaben (Amerika steht hier mit den Pro-Kopf-Ausgaben unter den fünfzehn größten Industrienationen an vierzehnter Stelle). Oder im Hinblick auf jeden anderen Aspekt der Gesundheit und des Wohlergehens von Kindern: Die Vereinigten Staaten belegen bei der Säuglingssterblichkeit Platz 28, das heißt, sie liegen hinter beinahe allen bedeutenden Industrieländern der Welt – und eins von fünf überlebenden amerikanischen Kindern wächst in Armut auf. Die Sentimentalität über das Schicksal von Kindern ist offenbar starken Schwankungen unterworfen: Am höchsten schlagen die Wellen, wenn es gilt, das Verhalten der Eltern moralisch zu verurteilen, während Ebbe herrscht, wenn es um die Finanzierung geht. Natürlich stehen für Langzeitstudien, die die Auswirkung von Scheidungen auf Kinder untersuchen, unbegrenzte Summen zur Verfügung, auch wenn die Forschungsergebnisse sowieso nur die vorgefassten Ansichten der Forscher widerspiegeln: Konservative entdecken, dass die Scheidung verheerende Folgen hat, während liberale Wissenschaftler feststellen, dass Kinder damit durchaus zurechtkommen können. Wenn allerdings das Einkommen von Frauen nach der Scheidung durchschnittlich um dreißig Prozent sinkt, wenn in den Haushalten Alleinerziehender die Verarmung droht, dann wäre es die logische Folge, Kinder am besten gegen die wirtschaftlichen Folgen von Scheidung oder Trennung zu schützen, indem man eine Sozialpolitik verfolgt, die der Lebenswirklichkeit der Bürger angepasst ist, statt ihnen Moralpredigten zu halten. In Schweden ist es gelungen, durch das garantierte Kindergeld die Armutsrate für Kinder unter drei Prozent zu halten, während sie mit der amerikanischen Methode auf 22 Prozent hochgetrieben wurde – und die besteht darin, die Realität zu ignorieren, jeden allein zusehen zu lassen, wie er sich durchschlägt, und die Folgen den laxen Sitten oder dem zu geringen Arbeitseinsatz zuzuschreiben – sei es in der Ehe oder bei den miserabel bezahlten Jobs, die überhaupt erst in die Armutsfalle geführt haben.

Wer ernsthaft behaupten will, die Kinder nichtgeschiedener Elternpaare würden zu weniger neurotischen oder glücklicheren Menschen heranwachsen, wird das schwerlich beweisen können: Sehen Sie sich doch nur einmal um. Sind traditionelle Familien tatsächlich ein Hort des Glücks und der psychischen Gesundheit? Auch sie bringen ihre Kriminellen und Gestörten hervor und ihr gerüttelt Maß am ganz alltäglichen Unglück. Denn die Antwort auf die vieldiskutierte Frage: »Schadet eine Scheidung den Kindern?« muss lauten: »Im Vergleich wozu?« Im Vergleich zu chronischer Unzufriedenheit und permanentem Unglück, zu Bedürfnissen, die nie erfüllt werden, zu keifenden Müttern, unzugänglichen Vätern und anderen geschlechtsspezifischen Ausprägungen der modernen Misere? Wer sagt eigentlich, dass die Mehrheit der unglücklichen Eltern so meisterhafte Komödianten sind, dass die

Kinder nichts mitbekommen von der emotionalen Distanz, der sexuellen Kälte, der gegenseitigen Geringschätzung oder der langwährenden Enttäuschung? Leider produziert die Wendung »wegen der Kinder« ein generationenübergreifendes Ausbildungslager, in dem gesenkte Erwartungen als affektive Norm eingeübt werden, in dem »so ist es nun mal« als Lebensrichtlinie gilt, in dem die Vorstellung befördert wird, Veränderung beschwöre Katastrophen und Traumata herauf, und mehr zu wollen sei einfach lächerlich.

Schade, wenn die verfälschte Darstellung Ihres Seelenzustands die einzige Möglichkeit scheint, eine authentische Beziehung zu Ihren Kindern zu haben (oder einfach zu den Alltagslügen gehört, die das normale Leben von uns fordert). Beachten Sie, dass die emotionalen Kosten solcher Kompromisse auf diffizilen Wegen in den Familienkontext einfließen, und dass ererbte Scham nicht gerade zur Lebenstüchtigkeit beiträgt. Doch wenn Sie selbst aus einer solchen Familie stammen, fühlen Sie sich auf jeden Fall wie daheim. Traurig nur, dass für uns alle, die wir in solche Familien hineingeboren wurden, das Glück tatsächlich oft eine flüchtige Erfahrung bleibt: »gestohlene Augenblicke«, Kompensationshandlungen, der Verzicht auf Lust. Doch im Land der gedämpften Erwartungen, was hat man da schon zu erwarten? Sie könnten »sich selbst nicht in die Augen schauen«, wenn Sie aufgeben würden – obwohl Sie natürlich emotional gar nichts anderes kennen, woher sollten Sie es also wissen? Und dasselbe gilt für die Kinder.

Kapitel Vier

... und das Streben nach Glück

»Mehr Aufregung über Untreue in den Neunzigern als Jahrzehnte zuvor!« überschrieb *Newsweek* in der Mitte dieser Dekade eine Titelgeschichte. Wenige Jahre vor dem Millennium war der Seitensprung in Amerika nicht mehr bloß ein Privatproblem, das Phänomen stieg zu einem alles beherrschenden politischen Thema auf, das beinahe einen Präsidenten zu Fall brachte, zwei Sprecher des Weißen Hauses stürzte (einer von ihnen war Newt Gingrich, der bis dahin als Musterknabe in Fragen sexueller Moral die Rhetorik der traditionellen Werte von Ehe und Familie verkörpert hatte, mit der damals das Land eingelullt wurde), Ehebruch befleckte die Westen von Kabinettsmitgliedern und anderen hochrangigen Politikern – und im Zuge der Gleichberechtigung traf es sogar eine Frau (Helen Chenoweth, Kongressabgeordnete aus Idaho, die Bill Clinton wegen seines Seitensprungs lautstark zum Rücktritt aufforderte, obwohl sie selbst über lange Jahre eine Beziehung zu einem verheirateten Mann unterhalten hatte). Auch die Karrieren einiger hochdekorierter Generäle wurden beendet, die Ernennung eines Generalstabschefs verhindert, der nach Enthüllungen über eine mehr als zehn Jahre zurückliegende Affäre auf die Beförderung verzichtete, und ein hochrangigen Präsidentenberater wurde zum Gespött der Nation (Dick Morris, der als Liebhaber von Prostituiertenzehen geoutet wurde). Wackere Symbolfiguren der Republikanischen Partei, die sich immer für die Familie stark gemacht hatten, mussten erleben, wie ihre flüchtigen außerfamiliären Vergnügungen ans Tageslicht gezerrt wurden, nicht selten, nachdem sie die Amtsenthebung des Präsidenten wegen ähnlicher Vergehen verlangt hatten.

Die Lust grassierte gleich einer schrecklichen Krankheit in Washington, und niemand wusste, wen es als nächstes treffen würde. Kandidaten beeilten sich, vor ihrer skeptischen Wählerschaft eheliche Treue zu schwören, oder sie gestanden vorauseilend frühere, nun aber auf wundersame Weise geregelte Verfehlungen ein, ihre pflichtergebenen und leicht sediert wirkenden Ehefrauen an ihrer Seite, und das oft vor Vertretern der Regenbogenpresse, die große Summen für jede Verflossene boten, die ihre Geschichte auszupacken bereit war. Manch anderer, der aus welchen Gründen auch immer dergleichen nicht leisten konnte, musste sich aus der Politik verabschieden. Mit einem Mal gehörte es zu den unerlässlichen Tugenden eines Politikers im Amt, sich des Wohlwollens ehemaliger Gespielinnen sicher zu sein, worum sich in der politischen Halbwelt bisher kein Mensch gekümmert hatte. Larry Flynt, Herausgeber des *Hustler*, immer bereit, sich mit Politikern anzulegen, schaltete in der *Washington Post* eine ganzseitige Anzeige, die ehemaligen Geliebten hochrangiger Politiker oder anderer wichtiger Persönlichkeiten eine Million Dollar versprach, wenn sie ihre Geschichte beweisen konnten und bereit waren, mit ihr an die Öffentlichkeit zu gehen. Drohende Enthüllungen durch Flynt führten zum überraschenden Rückzug des designierten Sprechers des Repräsentantenhauses Bob Livingstone, der seine Kollegen mit dem Geständnis überraschte, er habe »eine Gelegenheit außerhalb der Ehe« wahrgenommen, sich jedoch inzwischen spirituellen Beistand gesucht, und seine Frau habe ihm verziehen. (Flynt weigerte sich anschließend, der redefreudigen Ex ihre Million auszuzahlen, da Livingstone vor dem Erscheinen des *Hustler* seinen Rückzug angekündigt hatte und die Story bereits landesweit in den Medien verwurstet worden war.)

Warum nur ist der Seitensprung mit einem Mal zum öffentlichen Thema geworden, zur bevorzugten Metapher für alle gebrochenen Versprechen, politische wie persönliche? Warum blieb er nicht einfach eine Privatsache oder ein Amtsprivileg, sondern entwickelte sich zu einer neuen Form nationaler Unpässlichkeit?

Interessanterweise wurde das Thema »familiäre Werte« just zu jener Zeit zum Versatzstück der politischen Rhetorik. Die Wähler taten so, als wäre die politische Rhetorik glaubhaft und als würde sie jeder neue Skandal schockieren. Dabei musste doch jeder mal etwas von John F. Kennedy und Marilyn Monroe, von Lyndon B. Johnson, Franklin D. Roosevelt oder »Ike« Eisenhower gehört haben, um nur ein paar Schwerenöter aus der politischen Vergangenheit zu nennen.

Doch die amerikanische Nation trägt historisch gesehen die Schizophrenie in sich: Mit einem Teil ist sie noch im Puritanismus ihrer Gründerjahre verhaftet, der tief in den Eingeweiden des Nationalgefühls sitzt und in regelmäßigen Abständen durch Ausbrüche der Zensur und der Prohibition an die Oberfläche drängt; der andere Teil ist ein kollektiver Sinn für Abenteuer und Experimente, der sich aus der Erinnerung an Revolutionäre, Pioniere, Forscher, Erfinder und Unternehmer speist, mit der einsamen Figur des Rebellen und Bürokratenverächters als Gründergestalt und Archetyp des Nationalcharakters. Ist nicht die gesamte amerikanische Geschichte ein Auf und Ab an Emanzipationsbewegungen, die sich mit Perioden der Unterdrückung abwechseln, so als könnten wir uns nicht endgültig entscheiden? Interessanterweise – und vielleicht gerade deshalb? – bietet ein großer nationaler Aufschrei über eine Sex- oder Ehegeschichte in regelmäßigen Abständen dieser grundsätzliche Spaltung Anlass, wieder einmal offen zu Tage zu treten. Das überrascht kaum, sind Sex und Ehe doch an sich schon konfliktträchtige Themen, eignen sich also ideal, um ein Ventil für die allgemeine Verunsicherung über »die Lage der Nation« zu schaffen.

Zu den Funktionsprinzipien der gespaltenen Persönlichkeit gehört die Verleugnung – die eine Seite muss zwangsläufig abstreiten, was die andere tut –, und diese Verleugnung, wenn sie ans Tageslicht tritt, ähnelt nicht nur stark der Heuchelei, sie ist im Grunde nichts anderes. (So allgegenwärtig Heuchelei in der Politik ist, man tut immer so, als gäbe es sie nicht: Sie öffentlich zu machen, würde das gesamte demokratische Regierungsgeschäft samt der Grundannahme, dass die Bürger ihm im Grunde zustimmen, ins Wanken bringen.)*

Der Skandalfaktor sorgte dafür, dass das ansonsten aus rhetorischem Schwulst bestehende Wahlkampfgetümmel eine interessante Veranstaltung wurde, schwankte es nun doch zwischen einer Seifenoper und einem landesweiten Philosophieseminar über die Unvereinbarkeiten von Lust und Ehe oder die Mühsal der langjährigen Liebe: Das Publikum ließ sich gerne mit Platons *Symposion* unterhalten, umgeschrieben für die Massengesellschaft und täglich in den Schlagzeilen diskutiert, statt ermüdende politische Thesen und Wirtschaftsanalysen anzuhören. Das Wahlvolk, an dem die Gefühle der Nation durch Meinungsumfragen pausenlos gemessen wurden, reagierte mal mit Verachtung, mal mit Verbitterung, gelegentlich auch mit Empörung, wie getreulich berichtet wurde. Viele nahmen das alles anscheinend sehr persönlich, so als ob *wir* es wären, mit denen geliebäugelt wurde; der Äther summte vor Empörung. Kein Zweifel, einigen gingen solche Themen deutlich zu nahe. Schließlich waren diese doppelbödigen Politiker unsere *Volksvertreter*. Die in fremden Revieren wildernden Generäle organisierten unsere *Landesverteidigung*. Das waren unsere Sheriffs, unsere Feuerwehrmänner. Sie standen für Amerika, sie gaben ihm sein Gesicht, sie waren wir. Was auch bedeutete, dass sie die Zeche bezahlen mussten, und zwar kräftig, denn von uns wollte keiner etwas zugeben.

Aber die politische Kaste richtete ihre Aufmerksamkeit nicht allein auf die außerehelichen Geschichten, die Ehe als solche rückte in den Blickpunkt. Volkszählungen belegen einen dramatischen Rückgang an verheirateten Paaren wie an Personen, die in der klassischen Kernfamilie leben. Die Rutgers University veröffentlichte 1999 eine Studie, der zufolge lediglich 38 Prozent der ver-

---

* Apropos Heuchelei: Angesichts einer Pornoindustrie, die jährlich neun Milliarden Dollar umsetzt und keine Rezession kennt, muss man annehmen, dass sich ihre Kundschaft und die sich zu den Werten von Ehe und Familie bekennende politische Basis zumindest teilweise überschneiden – auch wenn das kaum jemand zugeben dürfte.

heirateten Amerikaner angaben, sie seien glücklich. Die einzige Bevölkerungsgruppe, die ein uneingeschränkt positives Verhältnis zur Ehe hat, sind die Homosexuellen. Das Recht auf Heirat ist für sie zum obersten politischen Ziel aufgerückt. Die Schwulen, die sich einst dadurch auszeichneten, dass sie die in ihren Augen spießigen (oder in ihrem Jargon »heteronormen«) Werte der heterosexuellen Paare ablehnten und an alles andere dachten, als sie zu kopieren, sind durch AIDS zu einem radikal anderen Lebensstil gezwungen worden.

Immerhin stand so zum Ersatz für die Heterosexuellen, die dem Ehestand in Massen davonliefen, eine neue Gruppe bereit, die entstandenen Lücken zu füllen. Das erinnert an jene frischen Wellen Einwanderer mit Bürgersinn, willens, heruntergekommene Viertel mit neuer Farbe und kleinen Läden aufzumöbeln, die dann bald wieder so attraktiv werden, dass die Mittelklasse zurückkehrt. Leider sehen das nicht alle so: Als ein Bezirksgericht von Hawaii den Bundesstaat aufgrund des Diskriminierungsverbots aufforderte, die gleichgeschlechtliche Ehe zuzulassen, waren die selbsternannten Verteidiger der Ehe im Kongress in heller Aufruhr. Obwohl die hawaiianische Entscheidung bald von einer höheren Instanz kassiert wurde, peitschte der Kongress zur Verteidigung der traditionellen Ehe den so genannten »Defense of Marriage Act« (DOMA) durch, ein eigens auf den Zweck zugeschnittenes Gesetz, den heiligen Ehestand vor den ruchlosen homosexuellen Elementen zu schützen und verschreckte Bundesstaaten vor der Unbill zu bewahren, eine in einem anderen Staat geschlossene Homo-Ehe anerkennen zu müssen, obwohl sich letztlich kein Staat dazu entschließen konnte, sie zuzulassen. (Vermont räumte später den Schwulen das weitaus enger gefasste Privileg der eheähnlichen Lebensgemeinschaft ein, die richtige Heirat ist bislang in keinem Bundesstaat möglich.) Verfechter des DOMA argumentierten, die traditionelle heterosexuelle Ehe sei »der Grundpfeiler unserer Gesellschaft«, auch wenn sie – wie im Falle des damaligen Sprechers des Repräsentantenhauses Gingrich, einem glühenden Verfechter von Ehe und Familie – in einer halb öffentlich geführten außerehelichen Affäre mündet, die dann dieser heterosexuellen Ehe (samt der politischen Karriere) ein Ende setzt.* Bill Clinton, ebenfalls ein notorischer Anhänger ehelicher Treue, hatte die Gesetzesvorlage rasch unterzeichnet, und auch First Lady Hillary Clinton gab ihm öffentliche Unterstützung, obwohl doch die heterosexuelle Tradition der Ehe sich gerade für sie als nicht ganz unproblematisch erwiesen hatte. So darf man wenigstens aus ihrer Rolle als betrogene Ehefrau schließen, die sie in der bestuntersuchten Affäre der amerikanischen Geschichte spielte. In einer ihrer wenigen öffentlichen Äußerungen zu diesem Thema sagte Hillary Clinton – allerdings sehr viel später, als sie sich für New York als Senatorin bewarb –, die politischen Führer des Landes sollten »die Bedeutung der Ehe hervorheben«, und sie fügte hinzu: »Eine Ehe zu führen ist nicht einfach. Es ist harte Arbeit. Ich weiß das aus eigener Erfahrung.« (Wieder einmal musste die Malocherrhethorik herhalten.) Die aufgebrachten Aktivisten der Schwulenbewegung zahlten den Politikern die Verabschiedung des DOMA heim, indem sie eine Reihe schwuler Republikaner outeten, die sich dafür stark gemacht hatten, die Ehe den Heterosexuellen vorzubehalten.

Kein Zweifel, die Ehe kann Verteidigung gebrauchen – fragt sich nur, ob gegen die Heirat von Homosexuellen oder gegen ihre eigenen unzufriedenen Anhänger? Nein, Schuld ist allein die Vorstellung von Lesben in den Flitterwochen und Schwulen, die zu den Klängen von Pachelbels Kanon zum Altar schreiten, die all die ansonsten hochzufriedenen Heterosexuellen zum Scheidungsrichter treibt. In der Hauptstadt Washington gründete sich unter dem

* Gingrich, der die so genannte »konservative Revolution« anführte und dessen Rhetorik um Familientreue und konservative Sexualmoral kreiste, trat als Kongressabgeordneter und Sprecher des Repräsentantenhauses zurück, nachdem Gerüchte aufgekommen waren, er unterhalte eine Liebschaft mit einer Kongress-Praktikantin. Diese Gerüchte wurden in seinem darauf folgenden Scheidungsprozess bestätigt. Es war bereits seine zweite Scheidung. Zu seiner ersten hatte er Berichten zufolge eine handgeschriebene Einverständniserklärung seiner damaligen Frau eingereicht, die sich gerade im Krankenhaus von einer Blasenkrebsoperation erholte.

Namen »Alliance for Marriage« eine Initiative, die es sich zum Ziel setzte, den DOMA auch als Verfassungszusatz durchzubringen. Sollte dies Erfolg haben, könnte die heterosexuelle Ehe einen weiteren Triumph verzeichnen; wieder einmal wäre es ihr gelungen, mit einem angespitzten Gesetzespfahl die verderbten Herzen schwuler Vampire zu durchbohren. Wir dürfen damit rechnen, dass dann unverzüglich auch die Scheidungsrate zurückgehen wird.

Bis es soweit ist, wollen wir uns mit einem kleinen Gedankenexperiment unterhalten: Überlegen wir uns einmal, wie der Kongress mit der Frage der Homo-Ehe in einem imaginären Land umgehen würde, in dem der politische Diskurs wenigstens in minimalem Kontakt zu der Lebenswirklichkeit der Einwohner stünde. Was wäre beispielsweise, wenn unsere Volksvertreter, statt sinnlose Gesetze zu erlassen, es über sich gebracht hätten, anzuerkennen, dass auch sie persönlich in verschiedener Beziehung von dem Thema betroffen sind: die einen, weil damit Fragen ihrer eigenen Sexualität berührt sind, die anderen durch ihre offenkundigen Probleme im unwegsamen Gelände der Ehe (wenn nur diese verdammte Sache mit der Treue nicht wäre). Das könnte vielleicht im Land einen Denkprozess über die Schwierigkeiten und Verdienste des Unternehmens Ehe an sich anstoßen, wie wir ihn schließlich alle selbst durchmachen. Man könnte sich dazu öffentliche Anhörungen und Expertenbefragungen vorstellen – einen echten Bürgerdialog, wie er Hillary Clinton vorschwebte. Kreative Konservative könnten es sogar politisch zweckmäßig finden, Initiativen zur Schwulenehe zu unterstützen, wäre dies doch eine Möglichkeit, radikalere Tendenzen auf das Maß heterosexueller Wohlanständigkeit zu stutzen. Wer weiß, welche wohltuende Kraft von Heiratsurkunden ausgeht?*

---

* Von einem anderen Standpunkt aus wäre dies ein Argument gegen die Homo-Ehe. So Michael Warner in *The Trouble With Normal*, wo er sich mit dem schwulen konservativen Journalisten Andrew Sullivan auseinandersetzt, der sich in *Völlig normal: Ein Diskurs über Homosexualität* für das Recht auf Heirat der Homosexuellen ausgesprochen hatte.

All diese Reaktionen wären von politischer Fantasie geprägt (mit anderen Worten, politisch undenkbar). Dummerweise hätten sie auch eine gewisse Ehrlichkeit in Sachen Ehepolitik erfordert. Und leider auch ein Mindestmaß an Selbstreflexion unserer Volksvertreter über die enorme Widersprüchlichkeit, die sie selbst und ihre Kollegen öffentlich in das Thema Ehe gebracht haben. Noch dazu müsste man aufhören, die eine und einzige Gruppierung zum Sündenbock zu erklären, die die Ehe am wenigsten in Gefahr gebracht hat, und man müsste endlich einmal anerkennen, dass die Bedrohung für die Ehe vor allem von ihrem eigenen Umfeld ausgeht – und bestimmt nicht von den Schwulen, die das Recht haben möchten, einander im Krankenhaus zu besuchen oder in Versicherungspolicen ihres Partners eingetragen zu werden. Nein, das alles war natürlich unmöglich. Stattdessen ernannte man die Ehe zur Krankheit der Woche: Alle jagten einer Wunderkur hinterher und vergossen in der Öffentlichkeit Krokodilstränen über eine Institution, deren Widersprüchlichkeit, nach dem privaten Verhalten unserer Politiker zu schließen, längst die gesamte Bevölkerung durchdrungen hat. Hauptsache, die Schwulen blieben außen vor. Die Heterosexuellen dagegen galt es zusammenzuhalten, wenn nötig, mit einem Elektrozaun.

Unterdessen arbeiteten Forscher, beispielsweise an der Rutgers University, an Langzeitstudien, um die Strukturen der festgestellten Unzufriedenheit mit der Ehe »nachzuvollziehen, vorherzusagen und umzukehren«. »Die Grundmuster ehelicher Beziehungen zu kennen kann Paaren das Zusammenleben erleichtern, wenn sie verstehen lernen, in positivem Sinne mit ihnen umzugehen«, versuchte einer der beteiligten Forscher hoffnungsvoll die wenig hoffnungsvollen Ergebnisse seiner Forschungsarbeiten abzumildern. »Die Ehe ist heute wie zu allen Zeiten ein hartes Stück Arbeit ... Patentrezepte gibt es nicht, deshalb dürfen die Paare nicht müde werden, an ihr zu arbeiten«, lautete ein anderer wenig überraschender Kommentar. (Kaum fällt das Wort Ehe, da wird auch schon das Malochervokabular bemüht.) Konservative Denkschmieden wie das Institute for American Values veröffentlichten als »unparteiisch« bezeichnete Diskussionspapiere, die vorschlugen, zur »Stärkung der Bürgergesellschaft« und »Verbesserung der Ehequalität« die Scheidung wieder dem Schuldprinzip zu unterwerfen. Wie eine Erschwerung der Scheidung Ehen verbessern und nicht vielmehr das Unglück der unglücklich Verheirateten vergrößern soll, wurde dabei nicht erhellt.

Die Frage, was hinter der so genannten Ehekrise steckt oder warum das Volk und seine gewählten Vertreter in Scharen vor den angeblichen Segnungen der Ehe fliehen, durfte nicht gestellt werden. Die Möglichkeit, dass die Ehe sich vielleicht im Stadium des Übergangs oder der Neudefinition befindet und ihr Überleben nicht um jeden Preis zu sichern ist, konnte nicht erwogen werden. Ebenso wenig ließ sich ins Auge fassen, dass diese Umgestaltung der Familienstruktur möglicherweise Ausdruck größerer, globaler Veränderungen ist und nicht auf individueller Verantwortungslosigkeit beruht: Vielleicht bedingt die nachindustrielle Gesellschaft auch die nachfamiliäre Gesellschaft.* Die Option, diesen Übergang in entsprechende politische Entscheidungen umzumünzen, schien ebenfalls keiner Überlegung wert. Als Problem wurden individuelle Übeltäter ausgemacht – die Geschiedenen, die Unverheirateten (insbesondere jene, die es auch noch wagten, Nachwuchs in die Welt zu setzen) und natürlich die Homosexuellen – sie alle hatten den gesellschaftlichen Erwartungen nicht entsprochen und damit Leid und Schmerz über eine unschuldige Institution gebracht. Es gab sogar Politiker, die es fertig brachten, die hohe Scheidungsrate für das *Armutsproblem* verantwortlich zu machen (dass der Wirkungszusammenhang genau anders herum sein

* Dies ist die These des konservativen Politologen Francis Fukuyama. Seiner Ansicht nach eröffnete der Wechsel von der Industrie- zur Informationsgesellschaft, in der Hirnschmalz mehr zählt als Muskelschmalz, den Frauen neue Berufschancen, weil es für die Wirtschaft immer günstig ist, aus einem größeren Angebot an Arbeitskräften auswählen zu können. Die Folge ist eine Schwächung der traditionellen Kleinfamilie. Der Feminismus ist laut Fukuyama nur ein Nebenprodukt, ein Begleitphänomen der veränderten makroökonomischen Bedingungen.

könnte, kam ihnen nicht in den Sinn). Zu dem Problem, dass jede dritte Scheidung eine Familie unter die Armutsgrenze drückt, fiel ihnen nichts anderes ein, als die Menschen zwingen zu wollen, in unglücklichen Ehen auszuharren.

Trotz der schreienden Unlogik wäre die Botschaft von der Gesellschaft der Mühseligen und Beladenen möglicherweise geschluckt worden, hätten im nationalen Bewusstsein nicht die Alarmglocken geschrillt, als ein Moralprediger nach dem anderen ins Visier der Boulevardpresse geriet. Alsbald zeichnete sich ein ganz anderes Bild der Ehe unserer Tage ab, das sich aus kleinen, schillernden Wahrheitskernchen in den Blasen einer leicht zu durchschauenden Heuchelei zusammensetzte. Wie sich herausstellte, waren sogar die lautstärksten Familienaktivisten unter den Politikern nicht in der Lage, die Standards sexueller »Normalität« und ehelicher Treue einzuhalten, die sie uns einzuhämmern nicht müde wurden.

Die amerikanische Politik in den neunziger Jahren war durch den Zusammenbruch der traditionellen Unterscheidung zwischen Privatsphäre und Politik gekennzeichnet und das kollektive Bewusstsein wandte dem Privatleben von Amtsträgern verstärkte Aufmerksamkeit zu. Das Amtsenthebungsverfahren gegen Clinton war der logische und wahrscheinlich unvermeidliche Höhepunkt dieses Doppeltrends: Ein ekelhaftes Gebräu aus Zirkusshow und projektiver Identifikation, womit man das psychologische Phänomen bezeichnet, abgespaltene und verleugnete Teile des Ichs – besonders solche, die man als schlecht betrachtet – auf andere Personen zu projizieren und diese dann zur Zielscheibe der eigenen Aggressionen und des eigenen Hasses zu machen. (In vereinfachter Form drückt das die derbe Weisheit »Wer ihn hat gerochen, aus dem ist er gekrochen« aus).

Dem Ethnologen Victor Turner zufolge gestalten Führer ihr Leben oft als »soziales Narrativ«, indem sie sich bewusst oder unbewusst so verhalten, dass sich vorhandene Beziehungsmuster und Metaphern an sie heften. Der Körper des Führers wird zum Symbol für die unlösbaren Widersprüche der Nation, und wir wählen uns als Führer jene Kandidaten, die es am besten vermögen, sich uns als lesbarer kollektiver Spiegel darzubieten. Diese Ansicht wird jedoch nicht allein von Ethnologen vertreten, und das Phänomen beschränkt sich keineswegs auf Naturvölker, die den Leib ihres Anführers zum Fetisch erheben: Es ist die Quintessenz des modernen politischen Wahlkampfs. Ein politischer Berater schrieb über die Kampagne zur Präsidentschaftswahl 1992: »Ich erklärte Clinton, dass eine Präsidentschaftskandidatur wie ein Roman angelegt sein müsse: Man macht aus sich selbst einen Helden, mit dem sich andere identifizieren können, und benutzt eine Sprache, die Herz und Geist des Lesers erreicht. Clinton hat schnell verstanden, dass er es bislang versäumt hatte, sich in der sich bereits entfaltenden Wahlgeschichte als klarer und glaubwürdiger Charakter zu präsentieren.« Mit anderen Worten, »Charakter«, das Schlüsselwort einer ganzen Dekade, war nicht bloß ein Synonym für traditionelle Wertorientierung oder zugeknöpftes Verhalten. Es stand auch für die Fähigkeit eines bestimmten Politikers, die richtige kollektive Geschichte im richtigen Augenblick zu verkörpern. Wir Bürger sind kritische Konsumenten, wenn es um die Träger unserer Symbole geht. Wer die von ihm erwartete erzählerische Aufgabe nicht bewältigt, wird zurückgewiesen, und wenn das Interesse an seiner Erzählung abflaut, wird er gefeuert. Die falsche Erzählung zu präsentieren oder ein Einsatz zum falschen Zeitpunkt gilt als Mangel an *Charisma*. Dann haben wir nichts, was uns in seinen Bann schlägt, unsere Vorstellungskraft kann sich nicht entzünden, und wir wenden uns ab, suchen uns anderswo bessere Geschichten und fesselndere Erzähler.

Führungsstile verändern sich natürlich im Lauf der Zeit und sind von Land zu Land verschieden. Einige Politiker sind Showstars, andere zugeknöpfte Bürokraten. Doch eines bleibt sich gleich: Der Körper eines Politikers bündelt eine Reihe von Bedeutungen und Botschaften, die sich manchmal ganz, manchmal nur teilweise auf politische Inhalte zurückführen lassen – was seine offizielle Position komplizieren, ihr aber auch widersprechen kann. Der Politologe Robert Hariman bezeichnet als »politischen Stil«

das Repertoire rhetorischer Konventionen, dessen sich Führungspersönlichkeiten wissentlich oder unwissentlich bedienen. Es bestimmt, wie ihre Wähler die von ihnen ausgehenden Signale verstehen, und beeinflusst die Bedeutung, die wir Handlungen und Situationen zuschreiben. Hariman nennt vier Beispiele politischer Stile und Politiker oder politische Autoren, die sie in bester Ausprägung verkörperten. Für den republikanischen Stil wählt er Cicero, für den politischen Realismus Machiavelli, für den höfischen Stil Haile Selassie und für den bürokratischen natürlich Kafka. Die Reihe lässt sich leicht ergänzen: Peron für Populismus, Nixon für Paranoia und so weiter. Die Nützlichkeit eines politischen Stils besteht darin, dass er ein gesellschaftliches Zusammengehörigkeitsgefühl vermittelt. Das ist der Grund dafür, dass die körperlichen Symbole und Symptome eines Staatsführers zum unauslöschlichen Nationalemblem werden, nicht anders als der Körper der Ehefrau des Staatsführers – manchmal auch nur ihre Garderobe oder ihre Accessoires. Es waren Imelda Marcos und ihre dreitausend Paar Schuhe, die zum Sinnbild der Korruption ihres Mannes wurden, nicht dessen Finanzpolitik. (Die Schuhsammlung wurde nach der Flucht des philippinischen Diktatorenpaares öffentlich ausgestellt. Sie war lange Zeit die Hauptattraktion des Malacanang-Palastes in Manila, bis sie schließlich in ein eigens gegründetes »Schuhmuseum« verlagert wurde.)

Ein bestimmter Politikstil kann eine ganze Periode kennzeichnen: Zeiten nationaler Expansion erfordern einen anderen Führungsstil als Zeiten, in denen der Gürtel enger geschnallt werden muss. Wenn in den neunziger Jahren das Ehe- und Sexualleben der Politiker emblematisch wurde und in den Blickpunkt der Öffentlichkeit geriet, wenn dadurch die Art und Weise bestimmt wurde, wie wir die Ausübung der Macht und den Staat selbst verstanden, dann konnte dies nur geschehen, weil die eheliche Sexualität noch andere wichtige Bedeutungen in sich vereinte und deshalb für die Bevölkerung Symbolcharakter erlangte. Andernfalls hätte sie nichts bedeuten können, wäre nicht emblematisch geworden. Niemand hätte diesem Thema Beachtung geschenkt. Das galt bekanntlich für die ersten Jahrhunderte der amerikanischen Geschichte, in denen, abgesehen von gelegentlichen Skandälchen um das Privatleben eines Politikers oder seiner Mätresse, das Prinzip der Trennung von privatem und öffentlichem Leben im Großen und Ganzen beachtet wurde.

Ganz offensichtlich wurden wir Zeugen der Geburt eines neuen politischen Stils, nämlich des *ehelichen*. Würden Sie diesen Politiker heiraten?* Es war die amerikanische Neue Linke, die den Satz »Das Private ist politisch« zum Slogan erhob. In den neunziger Jahren, als das Sexualleben der Politiker zum Lackmustest einer neuen Theologie der Ehe wurde, wurde er im konservativen Sinne umgedeutet. Doch nicht nur die Konservativen und die religiöse Rechte machten sich die Sache zu eigen. Ehepolitik gab es in allen Schattierungen, auch die Linke und die Feministinnen beteiligten sich. Tatsächlich konnte man beobachten, dass die Bewertung von politischen Kandidaten durch Frauen vom gesamten politischen Spektrum auf einmal ernster genommen wurde. Wer, wenn nicht die Frauen, könnte schließlich vernichtende Einblicke über das Verhalten männlicher Politiker in der Ehe offenbaren oder ihre Leistung im Bett bewerten, ihre verborgenen Fehler einschätzen?

So wurden die Frauen zum politischen Orakel des ehezentrierten Politikstils, und sie spielten ihre Rolle voll aus. Hier zum Beispiel der Kommentar der feministischen Autorin Erica Jong in der *New York Times*: »Was für einen Präsidenten wünschen sich die Amerikanerinnen? Einen, den sie auch zum Ehemann nehmen würden.« Jong, Autorin des Buchs *Angst vorm Fliegen*, dem Schlüsselroman zur sexuellen Befreiung der siebziger Jahre, meint, dass Frauen auch bei der Wahl von Politikern ein wenig den »Bad Boy« bevorzugen; wir fühlen uns nun einmal zu jenen hingezogen,

---

* Die klassische Frage zu Richard Nixon lautete: »Würden Sie von diesem Mann einen Gebrauchtwagen kaufen?« Wenn man sich in den sechziger Jahren hauptsächlich darum sorgte, ob ein Politiker ein sauberer Geschäftsmann war, dann verdeutlicht dies, dass die Vertrauensfrage in jeder politischen Generation neu gestellt wird.

die »unsere Leidenschaft in einer Weise zu entfesseln verstehen, die mit Vernunft nicht zu erklären ist«. Während wir Frauen also verurteilten, was Bill Clinton getan hatte, konnten wir ihn persönlich einfach nicht verabscheuen, weil er mit uns sprach wie »der mitteilsame Ehemann, nach dem wir uns immer gesehnt haben« und uns sogar zuhörte. Auch Männern wurde gelegentlich gestattet, ihre Meinung zu äußern, sofern sie hinreichend ehefreundlich war. Einige Jahre später, als sich New Yorks Bürgermeister Rudolph Giuliani unter öffentlich vernehmbarem Gezänk scheiden ließ, äußerte ein 44-jähriger Mann aus Garden City gegenüber der *Times*: »Wenn er so etwas seiner Familie antut, wie wird er dann erst mit der Bevölkerung umspringen?«

»Wie hältst du es mit der Ehe« war die politische Gretchenfrage der Zeit, und auch wenn uns am Ende der Dekade von den nimmermüden Umfrageinstituten mitgeteilt wurde, dem Publikum sei Treue mittlerweile gleichgültig geworden, verschwand das Problem doch nicht einfach von der Tagesordnung. Stattdessen wurden wir jetzt mit Beiträgen überschüttet, die erklärten, warum die Treue von Politikern *kein* Thema für die Wähler sei. Rhetoriker haben dafür einen Begriff: »Apophasis«, die Absicht, über ein Thema zu reden, wird scheinbar geleugnet, und damit wird genau dieses Thema zur Sprache gebracht. Im Zeitalter der Massenmedien ist das die Story, die davon handelt, warum etwas keine Story ist. Dadurch wird etwas im Bewusstsein erhalten, dem man als Thema zugleich jede Bedeutung abspricht.

Der ehezentrierte Politikstil bot auch einen neuen Fokus, mit dessen Hilfe sich die Geschichte und das kollektive Selbstverständnis aufpolieren ließ. Der konservative Autor Marvin Olasky reagierte auf das gegen Clinton eingeleitete Amtsenthebungsverfahren in *The American Leadership Tradition: Moral Vision form Washington to Clinton* mit dem wenig überraschenden Argument, gute Ehemänner gäben auch gute Präsidenten ab, und versuchte das mit einer Darstellung zu untermauern, wie gut ehemalige Präsidenten, von den Tagen der Unabhängigkeitserklärung bis heute, es verstanden hätten, ihre sexuellen Begierden im Zaum zu halten.

Dementsprechend werden Thomas Jefferson, Franklin D. Roosevelt, John F. Kennedy (der »rasch zur Tat schritt, in sexueller wie politischer Hinsicht«) und natürlich auch Bill Clinton – Schürzenjäger allesamt – als Nieten im Amt dargestellt. Andrew Jacksons »Bereitschaft, auf eine unmittelbare Belohnung zu verzichten und auf die langfristigere Perspektive zu setzen«, macht ihn für Oakley zum größten aller Präsidenten. Kati Marton sprang ihm in *Hidden Power: Presidential Marriages That Shaped Our Recent History* mit der Behauptung bei, dass im zwanzigsten Jahrhundert der Zustand einer Präsidentenehe direkten Einfluss auf das Schicksal der Nation gehabt habe: »Die erfolgreichsten Präsidenten waren im allgemeinen jene, die einen gesunden Respekt vor ihrer Frau hatten.« (Vielleicht nicht ganz zufällig war Marton selbst mit mehr als einem einflussreichen Mann verheiratet: mit dem Nachrichtenredakteur Peter Jennings und dem UN-Botschafter Richard Holbroke.) Ob Linker oder Konservativer, Historiker oder Journalist, Mann oder Frau, alle waren sich einig, dass der Ehe *irgendeine* tief im politischen Denken Amerikas verwurzelte Bedeutung zukommen müsse.

Im Nachhinein wird auch klar, dass die vielfach beklagte schrumpfende Privatsphäre für Politiker selbst nur eine Begleiterscheinung des neuen ehezentrierten Politikstils war. Wie wir gesehen haben, ist eine Verengung des Privaten bei trauter Zweisamkeit das Normalste von der Welt: Genau dies nennt man heute »Intimität«. Und Wahlkampf war nun eben auch eine intime Angelegenheit geworden. Dem Credo der Beziehung unserer Tage entsprechend müssen die Partner alles voneinander wissen: Zurückgehaltene Informationen oder gar Geheimnisse stürzen Beziehungen, die im Prinzip keine Grenzen kennen dürfen, in die Krise (wenn auch bei Gelegenheit mal eine kleine »Nachprüfung« gestattet ist). Ob es aber nicht auch eine Beziehungskrise auslösen kann, wenn man die Post des Partners öffnet oder ihm nachspioniert ... wer nichts zu verbergen hat, braucht auch keine Privatsphäre.

Der Aufschwung des ehezentrierten Stils brachte es mit sich, dass die politische Sphäre denselben Gesetzen unterworfen und von ihren Akteuren das gleiche Maß an Transparenz gefordert wurde wie in einer Ehe. Journalisten durchwühlten die Mülltonnen von Politikern, und die Nachfrage nach öffentlicher Enthüllung von Privatangelegenheiten stieg rasant. Wo einst rituell in Finanzangelegenheiten herumgestochert wurde, beschäftigte man sich nun ebenso rituell mit sexuellen Dingen. Reporter betätigten sich als Ehespitzel und verlangten zu wissen, wann ein Kandidat zuletzt fremdgegangen war, Drogen genommen oder eine rassistische Bemerkung gemacht hatte. Das grelle Rampenlicht der Medien leuchtete jede Körperfalte, jede intime Regung und jede peinliche Schwäche gnadenlos aus. Zugleich wurde es selbstverständliche Routine, den Gesundheitszustand von Kandidaten und Präsidenten mit ausführlichen, nichts ersparenden medizinischen Bulletins zu erläutern. Allergien, Herpes, Darmspiegelungen, alles wurde der Öffentlichkeit aufgetischt. Wir konnten nun im Wortsinn sagen, dass wir unsere Politiker in- und auswendig kannten.

In der neuen ehezentrierten Politik – darin nicht unähnlich der ihr verwandten Zeitgeisterscheinung des Zwölf-Stufen-Programms – herrscht das Persönliche vor. Zeugenaussage und Geständnis hatten Hochkonjunktur, das Denken wurde dem Empfinden untergeordnet, politische Inhalte zählten weniger als »Charakter«. Nicht länger an die traditionellen, enggefassten und rationalistischen Formen der rhetorisch inspirierten Debatte gebunden, war der ehezentrierte Politiker auch sonst nicht mehr an die Konventionen der »Rede« gefesselt. Vielleicht wäre »szenisch darstellen« eine treffendere Beschreibung des Rhetorikstils zur Jahrtausendwende: Improvisierte Spektakel der Sehnsüchte und Gefühlsverirrungen sowie Sprachspielchen unter dem Motto »Fang mich, wenn du mich kriegen kannst«, aufgeführt von den umstrittensten Polit-Darstellern der Nation vor dem Publikum einer emotional abhängigen Wählerschaft, die mit Argusaugen jeden ihrer Winkelzüge beobachtet. Die szenische Darstellung ist uns vertraut, viele von uns dürften bei sich zu Hause ähnliche rhetorische Mittel angewandt haben oder wurden als unschuldige Opfer durch ihren Lebenspartner damit konfrontiert. Natürlich war die szenische Darstellung im Psychodrama schon immer das bevorzugte Ventil für Konflikte, Widersprüche und Probleme, bei denen sich die normale Sprache als zu gefährlich und die Selbsterkenntnis als unzureichend erweist. Aus schlichter Notwendigkeit lernen wir Eheleute, das Verhalten unserer Partner zu entschlüsseln, so dass Dinge »gesagt« werden können, ohne sie in Worte zu fassen. Mit dem Aufschwung des ehezentrierten Politikstils können wir nun endlich diese in harter Übung erworbenen Fähigkeiten einmal woanders einsetzen.

Die neunziger Jahre waren nicht nur die Dekade des Ehebruchs, sondern auch die der Skandale. (Wie sonst wären wir all diesen Ehebrechern auf die Schliche gekommen?) Ein Vorteil des Skandals ist es, dass er die öffentliche Diskussion bestimmter Themen erlaubt, die ansonsten tabu sind. Der Skandal steckt einen gesellschaftlichen Rahmen ab, in dem Moral- und Wertfragen diskutiert oder neu gestellt werden können. Dies reicht jedoch noch nicht aus, um zu erklären, warum nun ausgerechnet der Ehebruch zum großen Thema wurde: Gab es keine anderen Geschichten? Keine anderen Fehlleistungen?* Der Psychoanalytiker Adam Phillips liefert einen Hinweis zur Erklärung des Faszinosums, indem er bemerkt, dass Ehebruch sich im Kern als Drama um eine Veränderung entwickelt. Er kann nach Phillips als Versuch verstanden werden, eine Welt zu erfinden und herauszubekommen, was wir wirklich wollen – und damit hat Treulosigkeit, laut Definition, politischen Charakter. Schließlich gehört es zumindest zur Arbeitsplatzbeschreibung für angehende Politiker, Visionen für Veränderungen zu entwickeln. Allerdings erscheint es angesichts der totalen Lähmung, von der die politische Fantasie heutzutage befallen ist, und der chronisch gewordenen Unfähigkeit zur Entwick-

* Der Hickhack um Clinton begann ursprünglich als Untersuchung über finanzielle Unregelmäßigkeiten, die nicht nur in der Öffentlichkeit wenig Interesse fanden, sondern offensichtlich auch bei dem mit ihnen befassten Sonderstaatsanwalt, dessen Aufmerksamkeit sich schon nach kurzer Zeit auf das Sexualleben des Präsidenten konzentrierte.

lung neuer politischer Ideen durchaus als verzeihlich, wenn das Wahlvolk diese Forderung aus dem Blick verliert. Doch wenn das Psychodrama in der ehelichen Kommunikation das bevorzugte Ausdrucksmittel für alles ist, das nicht benannt werden kann, weil der Wunsch zu radikal ist oder sich noch unklar abzeichnet, müssen wir uns fragen, ob wir als Wähler nicht auch unsere Pflicht vernachlässigt haben. Hätten wir vielleicht besser aufmerken sollen, was unsere Politiker-Ehepartner uns mitzuteilen versuchten? Sind wir genügend auf sie eingegangen? Haben wir ihnen ausreichend Hilfe angeboten? (Wie viele langjährige Ehen scheitern daran, dass einer der Eheleute nicht hört, was der andere nicht auszusprechen wagt: *Ich bin unglücklich. Ich langweile mich. Ich habe jemand anderen kennen gelernt.*)

Was in der amerikanischen Politkultur noch an Resten der typischen anglo-amerikanischen Unnahbarkeit und Diskretion aus den fünfziger Jahren übriggeblieben war, wurde kurz vor der Jahrtausendwende durch die allgegenwärtigen Zwölf-Stufen-Programme und die Talkshow-Therapien endgültig beseitigt. Geständnis- und Katharsis-Rituale beherrschten nun die politische Debatte, man vertraute zunehmend auf Gefühle als Indikator politischer Glaubwürdigkeit. Bill Clinton erntete viel Spott für seine Bemerkung »Ich kann Ihren Schmerz nachempfinden«, doch er schuf damit auch einen neuen Standard für die politische Rede: Alle Politiker mussten von nun ab ihre Gefühle offenbaren und uns zeigen, wer sie »im Innern« sind. Als Präsidentschaftskandidat Edwin Muskie 1972 vor laufender Kamera in Tränen ausbrach, war seine Kampagne beendet; als der kalifornische Abgeordnete Gary Condit 2001 nicht weinte, als er von Reportern über das mysteriöse Verschwinden einer Praktikantin befragt wurde, mit der er ein Verhältnis unterhalten hatte, wurde ihm angekreidet, er sei ein gefühlloses Ungeheuer.

Gefühle zu haben ebnete nun den Weg ins Amt, sie zu zeigen, ersetzte ein Konzept für die Reform der Gesundheitspolitik. Doch bald zogen Sturmwolken über dieser neuen, tränenreichen Szenerie auf. Als auf einmal die Lust auf den Plan trat, insbesondere die außereheliche Lust, wurde die Sache problematisch. Der Herrschaftsanspruch der Gefühle und das Verlangen nach Transparenz kamen sich auf einmal in die Quere und zerschellten an den Klippen von Reputation und Heuchelei. Die Sache war kurz gesagt die: Nach den Regeln der Populärpsychologie müssen Gefühle *ausgedrückt* werden, nach den Regeln der Populärmoral müssen aber unerlaubte Gefühle *unterdrückt* werden. Unsere Volksvertreter reagierten auf diese Widersprüche so ungeschickt wie der Bräutigam, der am Abend vor der Hochzeit mit der Brautjungfer im Bett erwischt wird. Es ist einfach schwierig, es nicht als Anzeichen dafür zu verstehen, dass etwas falsch läuft, so sehr man sich auch bemüht, daraus keine große Geschichte zu machen.

Was nicht so richtig lief, war die Sache mit der *Treue*. Die eheliche Treue der Politiker war schon keine politische Forderung mehr, sie war auf mysteriöse Weise zu einer nahezu utopischen Vorstellung überhöht worden – als ob wir unser Vertrauen in den Staat wiedergewinnen könnten, wenn erst einmal Transparenz zwischen dem privaten und dem öffentlichen Leben der Politiker erreicht wäre. Natürlich aber hielt die Treue nicht den Nachprüfungen stand, zu denen sie selbst herausforderte. Wie verbissen man auch das Bild vermitteln wollte, dass das Festhalten an veralteten Treueschwüren die Tugend schlechthin darstelle, wir mussten mit ansehen, wie unsere Volksvertreter offenbar nach einer ganz anderen Musik tanzten und das pralle Leben genossen. Was sollten der kleine Mann und die kleine Frau auf der Straße davon denken? Vielleicht, dass verbiesterte Treue doch nicht das Wahre ist? Dass man veraltete Schwüre auch einmal an eine veränderte Welt anpassen und ihnen nicht blind gehorchen sollte? Ruhelosigkeit und Unzufriedenheit haben schließlich auch ihren Anteil an Amerikas Geschichte: Kam hier nicht wieder einmal der Frontier-Mythos zum Vorschein? Das alles war sehr verstörend, und am Ende des Jahrtausends wirkte der gesamte moralisch-politische Konsens ein wenig angeschlagen.

Einen Eid leistet man in einem Moment des Übergangs, wenn man ein politisches Amt antritt oder einen Ehepartner nimmt. Wie die Historikerin Nancy Cott ausführt, bietet die Ehe der Nation seit jeher eine Metapher für Staatstreue. Der Ehebund ist dabei ein gern genutztes Symbol für den Gesellschaftsvertrag, der die Regierung begründet. Familien sind dabei nicht bloß Ausbildungslager, die Staatsbürgertugenden und Einhaltung von Verpflichtungen vermitteln, sie sind selbst kleine Regierungen und ähneln auch darin dem demokratischen Staat, dass sie sich auf die Illusion liebevoller Partnerschaft gründen. Sowohl die Ehe als auch der Staat stellen eine Struktur von Autorität und Verpflichtung bereit, der man sich angeblich freiwillig unterwirft. Demokratie und kameradschaftliche Ehe beanspruchen, Herrschaft im Konsens auszuüben, weshalb der Anschein des freien Willens niemals in Frage gestellt werden darf. (Was nicht heißen soll, dass Demokratien nicht auch schnell reagieren können, wenn ihre Legitimität in Frage gestellt wird, und sie sich dabei aller Mittel von der verdeckten Überwachung bis zum Einsatz bewaffneter Kräfte bedienen, auch wenn die Herausforderung aus den Reihen der eigenen Bevölkerung kommt.) Aus der Sicht des Staates ist die Ehe aber nicht nur eine nützliche Metapher, sie ist ein öffentlicher Wert an sich. In einem durch Familie strukturierten Land lässt sich die soziale Ordnung einfacher aufrecht erhalten als in einem, in dem jeder ungezügelt seinen Lüsten frönt. Als Zusatznutzen bietet die Familie dem Staat erleichterten Zugriff auf das Privatleben seiner Bürger. Staatliche Heiratsurkunden sind schließlich nur ein Element einer ganzen Reihe von Maßnahmen, die sich der moderne Staat zur Verwaltung seiner Bevölkerung geschaffen hat. Das fängt mit der Volkszählung an und geht bis zur Schulpflicht. (Historische Fußnote: Die Ehe war einst eine private Vereinbarung zwischen Einzelpersonen gewesen, in der hauptsächlich Eigentumsfragen geregelt wurden. Zuerst meldete die Kirche Ansprüche an, später der Staat, beide im Bemühen, ihre eigene, noch ungesicherte Macht als Institution durch Kontrolle über eine bereits etablierte Praxis zu sichern.)

Warum, nebenbei bemerkt, soll der Staat überhaupt die Ehe kontrollieren? Fragen Sie nicht, spielen Sie einfach mit, dann wird der Staat Ihnen seine Dankbarkeit beweisen und Ihnen zahlreiche Privilegien einräumen. Im Austausch für seine finanzielle Großzügigkeit verlangt der Staat nur eine Klitzekleinigkeit als Gegenleistung, nämlich dass Sie sich seine Vision der Ehe zu eigen machen. Die besteht aus dem christlichen Ideal lebenslanger Monogamie: eine Frau pro Ehemann, ein Sexualpartner für jeden, bis in alle Ewigkeit. Falls Sie es vorziehen, die Vision des Staats von der Liebe und Ihre eigene in solch glücklicher Übereinstimmung zu sehen, dass Sie daran rein gar nichts auszusetzen finden, dann machen Sie sich aber auch klar, dass der amerikanische Staat lange Zeit in der Ehe auch Rassenreinheit verlangte – Gesetze, die Mischehen verboten, gab es in vielen Bundesstaaten, bis sie 1967 vom Obersten Gerichtshof für ungültig erklärt wurden.

Im Widerspruch zur Tendenz, die typisch amerikanische Kernfamilie als Naturzustand hinzustellen und alternative Formen unter den Verdacht der Krankhaftigkeit zu ziehen, steht die enorme Zahl der Gesetze, die erforderlich scheinen, um die monogame heterosexuelle Ehe durchzusetzen. Offensichtlich wird der Ehestand nur durch eine Unzahl von Vorschriften und Normen produziert und am Leben erhalten. Stellen wir uns einmal vor, eines Tages würden Feministinnen die Polyandrie (Vielmännerei) erstreiten. Mit den entsprechenden Steueranreizen würde sie bald als das Normalste von der Welt erscheinen!

Die Reform des Scheidungsrechts beweist, dass gesellschaftliche Institutionen eine gewisse Elastizität zeigen können, wenn sie von der Auflösung bedroht sind und die allgemeine Unzufriedenheit in Rebellion umzuschlagen droht. Solche Veränderungen werden oft (von manchen zumindest) als gesellschaftlicher Fortschritt gewertet: Verbot von Mischehen aufgehoben; Empfängnisverhütung legalisiert; Vergewaltigung in der Ehe unter Strafe gestellt; Männer beteiligen sich an der Hausarbeit. (Na gut, ein paar Männer.) Das christliche Ideal der lebenslangen

Monogamie ist der seriellen Monogamie gewichen, sogar gewählte Amtsträger schaffen es nicht mehr, ihm zu entsprechen – wenn auch für einen Politiker, der mehr als eine Scheidung aufzuweisen hat, die Wahlkampffinanzierung nicht mehr ganz so einfach ist. Doch was für den einen sozialer Fortschritt ist, bedeutet dem anderen gesellschaftlichen Niedergang: Die Antwort der Konservativen bestand darin, sich für eine Erschwernis der Scheidung stark zu machen und so genannte »Vertragsehen« zu fördern, die das Zerrüttungsprinzip als Scheidungsgrund abschaffen und vor die Auflösung einer Ehe lange Wartezeiten setzen. Trotz aller Beteuerungen der Konservativen, nur mit mehr Religion ließen sich die Probleme Amerikas lösen, scheint es ironischerweise so, dass gerade die Religion kein gutes Klima für die Ehe schafft. Die Zahlen aus der Volkszählung von 1998 weisen für die Staaten des Bibelgürtels eine Scheidungsrate aus, die etwa fünfzig Prozent über dem nationalen Durchschnitt liegt, während sie in eher säkularen Bundesstaaten wie New York am niedrigsten ist. Der Gouverneur eines Staates aus dem Bibelgürtel schlug als Reaktion auf diesen »Ehenotstand« vor, für Sozialleistungen vorgesehene Bundesmittel in eine Kampagne zur Senkung der Scheidungsrate zu stecken. (Wer braucht schon Lebensmittelmarken, wenn er statt sich satt zu essen eine intakte Ehe führen kann.)

Etwa um die gleiche Zeit kam eine Studie mit 522 Paaren zu dem Ergebnis, viele Ehen würden mit hochfliegenden Erwartungen starten und dann einen Absturz erleben. Würden sich die Paare von vornherein auf Probleme einstellen, so der Professor, könne nichts schief gehen. Die Predigt des Augenblicks, die von heiligen und gelehrten Kanzeln herunterschallte, war also, dass die Senkung unserer Erwartungen uns vor privater Enttäuschung schützen kann – rein zufällig fiel dies in eine Zeit, da man auch an der Wirtschaftsfront der Nation die Botschaft der Bescheidenheit eintrichterte. Das Jahrzehnt war geprägt von Verschlankung der Unternehmen und Entlassungen, von tiefen Einschnitten in das Sozialsystem und die Sozialleistungen und wachsender Ungleichheit.

Während die Geistlichkeit im Bibelgürtel von der Kanzel herab Wasser predigte, zeigten die vom Kongress herausgegebenen Einkommensstatistiken, dass sich der Abstand zwischen Arm und Reich seit 1977 verdoppelt hatte und ein Prozent Spitzenverdiener soviel einstrichen, wie den hundert Millionen am unteren Ende der Skala nach Abzug der Steuern in der Tasche verblieb – eine Kluft, die sich so sehr vertieft hatte, dass vier von fünf Haushalten sich mit einem prozentual kleineren Stück am gesamten erwirtschafteten Kuchen begnügen mussten als 1977, obwohl sie länger arbeiteten und weniger Urlaub hatten. Zwar stieg das Durchschnittseinkommen in dieser Zeit, aber nur, weil die Familienernährer länger arbeiteten. Sie leisteten mehr für das gleiche Geld: Die Löhne stagnierten. (Und als dann ein paar Jahre später die Rezession einsetzte, war es mit den zusätzlichen Arbeitsstunden auch rasch vorbei.)

Gingen die Leute denn nicht auf die Straße? Nein, eher selten, aber das lag vielleicht daran, dass der Protest hintergründigere Formen annahm. Landauf, landab lehnte es eine bockige Bürgerschaft mehr und mehr ab, sich mit sinkenden Erwartungen abzugeben – und zwar in ihrer Ehe. Der Grundsatz »Erwarte weniger vom Leben« als Basis der gelungenen langjährigen Partnerschaft fand immer weniger Anhänger. Selbst dieser schwache Protest wurde von offizieller Seite auf lokaler und auf Bundesebene als nationaler Notfall eingestuft, als könnten sich daraus negative Folgen für die Stabilität des Staatswesen insgesamt ergeben. Und möglicherweise ist das auch tatsächlich der Fall. Wenn Ehe und Staatsbürgerschaft beide durch einen Eid gesichert sind – im Grunde also romantischen Charakter haben –, dann ist eine Scheidung eine Verletzung dieser Eide. Wenn also die Ehe auflösbar ist, möglicherweise sogar auf Verlangen des Partners, wie ist es dann um den Bund mit dem Staat bestellt? Wenn sich Verträge und Verpflichtungen einfach deshalb aufkündigen lassen, weil man ihrer überdrüssig ist oder weil man nicht bekommt, was man sich vorgestellt hat, was ist dann mit dem Staat? Was, wenn die erste Liebe verflogen ist und man die Dinge klarer sieht?

Das ist kein nationales Dilemma jüngeren Datums, sondern ein altbekanntes Problem. Wenn Ehen unauflöslich sind, wie kann man dann die Illusion der Konsensdemokratie aufrecht erhalten? Nancy Cott hat richtig darauf hingewiesen, dass wir es hierbei mit dem Prinzip der Staatshoheit zu tun haben, nicht mit dem der Demokratie. Ist die Ehe aber doch auflösbar, dann ist damit auch alles in Frage gestellt, was sie symbolisiert. Die Analogien zwischen Scheidung und Revolution brodeln knapp unter der Bewusstseinsoberfläche, zusammen mit der Angst, die das Thema auslöst. Will sagen, denken Sie heutzutage bloß nicht über irgendwelche Unabhängigkeitserklärungen nach und schmeißen Sie auch keine Bostoner Tea Party auf eigene Verantwortung, sonst haben Sie umgehend das FBI auf dem Hals.

Das bringt uns zu unserem aktuellen Dilemma zurück. In der einen Ecke die serielle Monogamie: Man löst eine Zweierbeziehung auf, um eine neue einzugehen, meist in schneller Folge und mit den immer gleich hohen Erwartungen. Kein Zweifel, die serielle Monogamie entwickelte sich als Überdruckventil, um das Auseinanderfliegen des Systems zu verhindern. Nein, es ist nichts falsch an der Institution oder ihren Voraussetzungen, Sie haben einfach den falschen Partner abgekriegt. Aber beim nächsten Mal sollten Sie sich schon ein wenig mehr anstrengen, noch ein paar Fehlschläge, und Sie sind raus aus dem Spiel – dann sind Sie das Problem. In der seriellen Monogamie wechseln die Spieler, aber die Institution bleibt die gleiche: neuer Wein in alten Schläuchen. In der gegnerischen Ecke der Ehebruch: Er macht sich über die herrschenden Sitten lustig und mischt die Institution mit ein paar Knallfröschen auf; das ist soziale Sabotage im kleinen Stil, Anarcho-Syndikalismus des Privatlebens, sozusagen. Nein, es ist nicht schwer zu verstehen, warum allein schon die Idee eine Bedrohung für das Staatsprojekt darstellt, abgesehen von anderen vermeintlichen Stützen der Gesellschaft – all die brüchigen Konventionen, die sich das Gepräge der Ewigkeit geben und sich daher so gerne hinter den ästhetischen Formen des Klassizismus verschanzen: Schauen Sie sich doch einmal all die Regierungsgebäude an, die Hochzeitskleider, und hören Sie einmal genauer auf die Reden, die Würdenträger beim Amtsantritt halten. Aber Sie können ganz beruhigt sein, der Ehebruch will das System nicht wirklich kippen: denn was wäre der Ehebruch ohne die Ehe – sie ist seine Grundvoraussetzung!

Alles in allem ist es doch seltsam, dass die im Rampenlicht stehenden praktizierenden Ehebrecher im Amerika der Jahrtausendwende sich ausgerechnet aus dem Kader jener rekrutierten, deren ganzes Leben und Trachten darauf abgestellt sein sollte, dem Bund zu *dienen* und seinen Zweck zu *repräsentieren*. Wer hätte gedacht, dass es ausgerechnet die höchsten Funktionäre und gewählten Amtsträger sind, die sich doch vollkommen mit der Aufrechterhaltung gesellschaftlicher Konventionen identifizieren müssten – und noch wichtiger, den Anschein dieser Konventionen wahren sollten –, die sich so leichtfertig dem Risiko aussetzen, in flagranti als Meuterer und Aufständische erwischt zu werden. Natürlich hat sich die Analogie des Staatsbürgertums mit der Ehe im Lauf der letzten Jahrhunderte als bemerkenswert elastisch erwiesen, flexibel genug, um bei Bedarf für einander völlig widersprechende Zwecke umgemodelt zu werden. Allein in der jüngeren Zeit konnte man beobachten, wie sie von allen Seiten ausgespielt wurde, nicht nur die Konservativen haben sich des Themas bemächtigt. Auch die Aktivisten der sechziger Jahre erhoben die Ehe zur Staatsfrage; sie sahen in der bürgerlichen Ehe und der typisch amerikanischen Unterdrückung der Sexualität (der »phalluszentrierten Männlichkeit«, wie es die Feministinnen nannten) die heimischen Entsprechungen zum Vietnamkrieg – die Missionarsstellung im internationalen Maßstab. Auch die Massenkultur griff diese Diagnose auf. Ein Beispiel dafür ist der Antikriegsfilm *Coming Home* von 1978. Er spielt auf dem Höhepunkt des Vietnamkriegs und zeigt uns eine pflichttreue Ehefrau, die unter dem gequälten Sex mit ihrem Mann, einem Offizier, leidet. Ihren ersten Orgasmus erlebt sie mit einem gelähmten Vietnamveteranen und Kriegsgegner und wird dann selbst politisch aktiv.*

Doch schon lange vor den sechziger Jahren des vergangenen Jahrhunderts – schon mehr als hundert Jahre früher – waren die Fragen um Liebe, Ehe, Scheidung, Treue und sexuelle Freiheit in politischen Debatten stets mit den staatsbürgerlichen Idealen verknüpft. Der Historiker John Spurlock hält die Parallelisierung von Ehe und Staatsbürgertum für eine feststehende Größe im politischen Diskurs des 19. Jahrhunderts. Damals wie heute wurde das Schicksal der Ehe mit dem der Nation verknüpft; unglückliche Ehen standen im Verdacht, den gesellschaftlichen Zusammenhalt der Nation zu beeinträchtigen. Sollte die Ehe der grundlegende Gesellschaftsvertrag sein, war es nur folgerichtig, Unaufrichtigkeit in der Ehe als Gefahr für die Legitimation anderer gesellschaftlicher Bindungen zu sehen. Wenn die eheliche Disziplinierung dagegen das lebendige Fühlen abtötete, was verhieß dies für die Zukunft einer aufblühenden, ideensprühenden Nation?

Schon vor hundertfünfzig Jahren hielt man die Ehe anscheinend für eine von ihrer Anlage her gefährdete Institution, und schon zu jener Zeit versuchte man im großen Stil, mit ungenügenden Mitteln Abhilfe zu schaffen. Bereits damals gab es eine florierende Industrie, die Eheratgeber produzierte. Doch anders als heute erschienen auch Zeitschriften und Bücher, die sich mit Reformvorschlägen für die Ehe beschäftigten und sogar die Institution an sich kritisierten. Forderungen, die Ehe zugunsten der freien Liebe abzuschaffen,

---

* Jeder Film, der sich rückblickend einer Epoche zuwendet, wie *Coming Home*, hat auch immer sein Anliegen in der Gegenwart. In diesem Fall geht es um die Neubestimmung der Männerrolle in den siebziger Jahren. Echte Männer ziehen nicht in die Ferne und fechten Kriege aus, sie bleiben zu Hause und praktizieren Oralsex mit ihren Frauen. Männlichkeit misst sich eher in weiblichen Orgasmen denn in getöteten Feinden oder anderen Großtaten, wie sie auf allein Männern vorbehaltenen Gebieten vollbracht werden. Das Kino hatte ein neues Männlichkeitsideal kreiert. Nur zehn Jahre zuvor hatte das Publikum miterlebt, wie John Wayne in *Die grünen Teufel* einen Vietnamkrieg gewann, in dem sein Hauptgegner nicht der Vietkong, sondern die weibischen Pazifisten zu Hause waren.

standen im Mittelpunkt politischer Debatten. Sie wurden von bekannten Freidenkern, Sozialisten und Transzendentalisten (zu deren wichtigsten Vertretern Ralph Waldo Emerson gehörte) als ausländischer Gedankenimport (Robert Owen, Charles Fourier) oder innerhalb amerikanischer Reformbewegungen (deren Tendenz Spurlock als »Radikalismus der Mittelklasse« bezeichnet) diskutiert. Es handelte sich dabei um eine breite, nicht auf kleine Zirkel beschränkte Diskussion. Vor dem Bürgerkrieg wurde in allen Städten öffentlich über die umstrittensten Themen debattiert. Vielleicht ist nicht jeder Mensch zur dauerhaften Liebe fähig? Der Ehereformer Paul Brown höhnte um 1830 über die Vorstellung, jeder könne lebenslange eheliche Treue garantieren: »Wenn jemand so hastig einen Handel in anderer Sache abschließen würde, die Gesetze würden ihn als *non compos mentis* einstufen und die eingegangene Verpflichtung für nichtig erklären.« Der einflussreiche britische Radikalreformer William Godwin, der später die frühe Feministin Mary Wollstonecraft, die Autorin von *Ein Plädoyer für die Rechte der Frau* heiratete, formulierte es so: »Es ist absurd, zu erwarten, dass die Neigungen und Wünsche zweier Menschen über eine unbeschränkte Zeitdauer zusammenfallen. Ihnen Gemeinschaft und Zusammenleben aufzuzwingen heißt, sie unvermeidlich einem gewissen Maß an Widrigkeiten, Streitereien und Unglück zu überantworten.«

Gesellschaftliche Reformen und Erneuerung wurden damals noch als greifbare Möglichkeiten gesehen, es herrschte ein Geist der Experimentierfreude. Institutionen in Frage zu stellen galt als durchaus zulässig, auch wenn man selbst keine Patentrezepte vorzuweisen hatte: Warum nicht einmal überlegen, ob es nicht Lebensformen geben könnte, deren Grundlage nicht isolierte Haushalte und sich sexuell aufeinander beschränkende Paare sind? Sollte man sich nicht lieber der Realität der Enttäuschung und der tödlichen Langeweile stellen, die sich unter verheirateten Paaren einschleicht, anstatt sie zu ignorieren? Wenn man sich einmal die Schwachstellen der Ehe vornähme, vielleicht würde man dann auch einen Weg finden, die Mängel der Gesellschaft zu reformieren? Vielleicht ebnete eine Strukturreform der individuellen Beziehungen auch den Weg zu einer politischen Reform? Der Sinn gesellschaftlicher Institutionen sollte es sein, »den Einzelnen zu vervollkommnen und zu veredeln«, oder, wie es der Reformer Henry C. Wright 1855 formulierte:

> Die Gesellschaft ist voller unharmonischer und verderblicher Verbindungen zwischen Mann und Frau, die unter dem Namen der Ehe eingegangen werden – Verbindungen, die so unnatürlich und unheilvoll sind, aus denen soviel Schlechtes entsteht, wie aus einer Vereinigung von Freiheit und Sklaverei, Wahrheit und Lüge, Reinheit und Verdorbenheit – es sind Verbindungen, in denen kein Kompromiss jemals Harmonie und Glück zu schaffen vermag.

Solcherlei Sozialkritik blieb nicht auf Versammlungshallen beschränkt, sie wurde auch von einem Netzwerk utopischer Gemeinden gelebt, die trotz aller wirtschaftlichen Schwierigkeiten überall im Land erblühten. Die bekanntesten waren Brook Farm in Massachusetts, New Harmony in Indiana und Oneida im Norden New Yorks. Ähnliche Gemeinden, nicht selten mit einigen tausend Mitgliedern, entstanden in Ohio, Pennsylvania und weiter im Westen. Sie unterhielten enge Verbindungen mit anderen progressiven Strömungen jener Tage – den Kämpfern gegen die Sklaverei und für die Gleichberechtigung der Frauen, für Schulreformen und alternative Kindererziehungsmodelle –, die den unterschiedlichsten philosophischen Prinzipien über die freie Liebe, Sozialreformen und die Gleichheit der Geschlechter anhingen. Vielleicht, so mutmaßt Spurlock, war es die Offenheit einer noch relativ jungen Nation, die einen Geist förderte, der mehr Freiraum für Möglichkeiten sah und es ganz normalen Leuten denkbar erscheinen ließ, ihr Leben neu zu gestalten, wenn sie es nur wollten – und es schien sogar möglich, damit ihrem Land eine andere politische Richtung zu geben. Dergleichen kann man sich heute kaum noch vorstellen. So ist es mittlerweile allgemein üblich geworden, sich über die sechziger Jahre lustig zu machen, deren teilweise ins Absonderliche abgleitende Experimentierlust es leicht gemacht hat, den Begriff Gegenkultur insgesamt als naiv und weltfremd abzustempeln, als ob politischer Protest ein- für allemal mit Paisley-Mustern und Perlenkettchen einherginge oder als ob der Wunsch nach politischen Veränderungen – oder nach Veränderungen überhaupt – nichts anderes als Spinnerei sein könne. Anders steht es natürlich mit der Veränderung der eigenen Möglichkeiten, die sehr ernst genommen wird. Selbstvervollkommnung ist die Losung der Zeit, sie hat sämtliche Energien geschluckt, die sich einst auf die Gesellschaft oder auch nur auf irgend etwas jenseits der eigenen Person richteten.

Eine Neuordnung dieser Mosaiksteine einer verdrängten Geschichte könnte eine Antwort auf die Frage liefern, warum der Ehebruch heute im öffentlichen Leben eine solch herausragende Rolle spielt und warum er zur schillerndsten politischen Metapher aufgestiegen ist. Wenn der Ehebruch in der nationalen Debatte einst als Symbol für die gesellschaftliche Stagnation stand, wenn Eheexperimente in unserer Geschichte als Paradebeispiel politischen Experimentierwillens galten, wenn »Fremdgehen« unleugbar eine Reaktion auf Unzufriedenheit ist, was werden dann künftige Historiker aus unserem jüngsten Beitrag zu dieser Geschichte machen, in dem so viele hochrangige Persönlichkeiten ihre unerfüllten Sehnsüchte vor der Wählerschaft vorgeführt und diesen Teil der konfliktreichen Geschichte des Landes in heimlichen Zweierexperimenten nachgespielt haben? Der Ehebruch bildet dabei zwar die heroischen experimentierfreudigen Gemeinden vergangener Epochen nur in kleinem Maßstab nach, aber wir leben schließlich heutzutage auch in einem Klima der Privatisierung und der gesunkenen Erwartungen.

Wenn solche Experimente einst in aller Öffentlichkeit möglich waren und breit diskutiert wurden, nun aber nur noch heimlich und hinter verschlossenen Türen stattfinden und lediglich anlässlich von Skandalen ans Tageslicht kommen – muss man daraus den Schluss ziehen, dass der Skandal das Pendant der Mediengesellschaft zur Versammlungshalle früherer Zeiten ist? Immerhin bietet er Gelegenheit, gesellschaftliche Fragen in den Mittelpunkt zu rücken und ihre Grenzen und Möglichkeiten in einer moralischen Debatte auszumessen – der Unterschied zur Versammlungshalle ist allerdings, dass der Skandal kaum Raum für gründliches Nachdenken lässt. Empörung steht im Vordergrund, der Einzelfall tritt an die Stelle der Gesellschaftskritik, der Kommentar verdrängt die ausführliche Diskussion. Der Skandal kann kaum für sich in Anspruch nehmen, eine Demonstration des aufgeklärten oder fortschrittlichen Denkens zu sein, und seine politischen Folgen sind nie vorhersehbar. Manchmal werden die Grenzen etwas ausgedehnt – vieles, was einst als skandalös galt, ist es inzwischen nicht mehr: Niemand regt sich heute über eine schwangere Braut auf. In Fällen, wo es um grundlegende kulturelle Tabus wie das Tötungs- und Inzestverbot geht, bestätigt der Skandal dagegen nur die Grenzen. Wer sie überschritten hat, wird aus der Gemeinschaft ausgeschlossen.* Und was heißt das nun für den Ehebruch, der das Land seit über zehn Jahren mit Skandalen und spektakulären Enthüllungen versorgt und als wichtigstes Thema unser aller Aufmerksamkeit beansprucht hat? Womit hat er diese Beachtung verdient, mit anderen Worten: Was macht einen Skandal in dem einen Moment skandalös und im nächsten zum Gähnen langweilig?

Die Literaturkritik lehrt uns, dass in den Genres, bei denen es um die Enthüllung von Geheimnissen geht, Hauptpersonen und Zuschauer beziehungsweise Leser gemeinsam die Handlung vorantreiben, um das Verborgene ans Licht zu bringen. Je höher die Flutwelle landesweiter Eheskandale im vergangenen Jahrzehnt anstieg, desto vertrauter wirkte sie, und sie weckte auch Erinnerungen an literarische Vorbilder. Wie in einer modernen Fassung von Edgar Allen Poes *Der entwendete Brief* war das belastende Material sorgsam versteckt und lag doch vor aller Augen. Die Hand-

* Was sich durchaus ändern kann, ist ihre Bewertung, wie sich an dem neuerdings populären Gedanken der Wiederholung von Trauma- und Familiengeschichte als Erklärung für Verhalten und Motive gezeigt hat.

lung wirkte abgeschmackt und drohte gelegentlich in die Farce abzugleiten: Treulose Eheleute in der Rolle schmieriger Krimineller legen bereitwillig Spuren für eine geifernde Bevölkerung von Amateurdetektiven. »Beweisen Sie es«, rief Präsidentschaftskandidat Gary Hart 1988 herausfordernd, als die Medien – im Vorgriff auf das Jahrzehnt des Ehebruchs, das bald anbrechen sollte – ihn verdächtigten, seine Frau zu betrügen. Getreu der Form versteckte er Donna Rice, eine Idealbesetzung, in aller Öffentlichkeit – in diesem Fall an Deck einer Jacht namens *Monkey Business* unterwegs zu den Bimini-Inseln. Kurze Zeit später prangten Fotos, die das spärlich bekleidete blonde Model auf Harts Schoß zeigten, auf den Titelseiten. (Es bedurfte keines Poeschen Meisterkombiniers à la Dupin, um diesen Fall aufzuklären.)

Detektivgeschichten und Skandale haben ein gewisses Suchtpotenzial, auch dann, wenn ihre Auflösung klar auf der Hand liegt. Der Vorteil eines Romans ist es, dass man am Ende erfährt, wer der Schurke ist; im gewöhnlichen Leben liegen die Dinge leider nicht immer so einfach. Adam Philips meint, Verdacht sei im Grunde eine Philosophie der Hoffnung, Eifersucht eine versteckte Form von Optimismus: »In beiden Fällen glauben wir, dass es etwas zu erfahren gibt und dass es sich lohnt, es zu erfahren.« Doch beim Herumschnüffeln in der Handtasche oder der Brieftasche des Partners und beim Durchforsten der Revolverblätter stellt sich natürlich auch die Frage: Ist das, was man da sucht, nicht längst ein alter Hut, ganz gleich, ob man nun seinen Ehepartner, irgendwelche Politiker oder Prominente beobachtet? Politiker als Ehebrecher zu entlarven, hat ungefähr den gleichen Erkenntniswert wie eine Neuentdeckung der Schwerkraft. Wenn man unter einem Apfelbaum sitzt, wird einem früher oder später eine reife Frucht auf den Kopf fallen, na und? Das könnte nur zu einem Erkenntnisgewinn führen, wenn die Gesetze der Schwerkraft immer wieder mal einem allgemeinen Gedächtnisschwund zum Opfer fielen und so stets von neuem überraschen könnten.

Bei systematischer Detektivarbeit, Schnüffelei und Skandalen geht es darum, etwas herauszubekommen, aber dabei sind nicht nur die Details des fraglichen Verbrechens interessant. Verbrechen und gesellschaftliche Grenzüberschreitung – da macht der Ehebruch keine Ausnahme – haben nur in Bezug auf eine Gesellschaftsordnung etwas zu bedeuten und bringen Geschichten hervor, die tief in der Kultur verwurzelt sind und über das Individuelle hinausgehen. (Das Hervorzerren verborgener Wahrheiten begründet zugleich immer auch gesellschaftliche Tabus: Jedes Verbrechen, das aufgeklärt werden muss, enthüllt etwas über die Gesellschaft als Ganzes.) Allerdings ist das Herumschnüffeln immer auch von einem quälenden Widerspruch geprägt. Wollen Sie denn wirklich, dass sich Ihr Verdacht bestätigt? Wie der betrogene Ehepartner in den Seifenopern so gerne sagt: *»Ich will bloß eine Antwort!«* Ja ... wirklich? Auch die Folgen wollen bedacht sein: Das Durcheinander, die ungewisse Zukunft, alles wird in Frage gestellt – und dann das Erschreckendste überhaupt: die *Güteraufteilung*.

Treueschwüre, ganz gleich ob gegenüber einem Staat oder einem Ehepartner abgelegt, sichern stets ganz bestimmte Eigentumsverhältnisse: Werden solche Schwüre gebrochen, dann werden auch die Karten neu verteilt. Wir sollten uns nicht durch Sentimentalität verleiten lassen, die Tatsache aus den Augen zu verlieren, dass die Ehe immer schon und immer noch eine ökonomische Veranstaltung ist, und dass außerdem der Privatbesitz stets die monogame Ehe erfordert hat, um die patrilineare Erbfolge zu sichern. (Deren Eigentumsverteilung verlässt sich darauf, dass die Frauen nur mit ihren Ehemännern ins Bett gehen, einer der Gründe, warum die Sexualität der Frauen stets stärker kontrolliert und stärker unterdrückt wurde als die der Männer: Schon der Gedanke, eine Frau könnte mit einem anderen Mann als dem ihr angetrauten schlafen, sollte ins Reich des Unmöglichen verwiesen werden.) Zwar spielte dies eine größere Rolle zu einer Zeit, als der Wohlstand stärker auf Grundbesitz beruhte und nicht auf modernen Formen von kulturellem Kapital, zum Beispiel der beruflichen Ausbildung. Damit ist aber die alte Ideologie und ihre Moral keineswegs verschwunden, sie findet nach Bedarf stets neue Begründungen und Rechtfertigungen. Da die Vererbung von Grundbesitz keine so große Rolle mehr spielt, heißt es nun, Monogamie fördere die allgemeine Stabilität und den »staatlichen Zusammenhalt«: die alte Medizin in neuer Verpackung.

Wir wollen nicht vergessen, dass auch Staaten Eigentumsbeziehungen produzieren, und Staatsbürger zu sein bedeutet, ihnen die Treue zu halten. (Oder soll es zumindest – wann haben wir eigentlich den entsprechenden Eid geleistet?) Dass die Sache mit dem politischen Konsens selbst reichlich *fiktiv* ist, mag der Grund dafür sein, die Liebe als eine Art Sicherungssystem zu betrachten, ein Hilfsaggregat der politischen Maschinerie. Die Eigentumsgesetze eines jeden Landes dienen dazu, das Eigentum der staatstragenden Klasse zu schützen – auch wenn diese Klasse und der Staat identisch sind, wie es im inzwischen untergegangenen Sowjetstaat der Fall war. Aber wo wären eigentlich unsere eigenen wohlhabenden Eliten, Unternehmen wie Privatleute, ohne die Drohung stehender Armeen im Hintergrund, bereit, im Fall der Fälle einzugreifen, wenn doch einmal jemandem Gedanken über eine Umverteilung zu Kopf steigen sollten? Kurz und gut, das so merkwürdig gefühlsbeladene Wörtchen »Treue« ist bis zum Platzen mit Geschichte und Wirtschaft, mit vergossenem Blut und Unterdrückung angefüllt. Was für ein Morast voll unentwirrbarer Ängste, der sich da tief im Innern unseres nationalen Unterbewusstseins ausbreitet!

Allegorien und Mythen dienen Gesellschaften dazu, sich ihrer Widersprüche zu vergewissern. Je nach Bedarf entstehen auch neue. Muss man angesichts der Verunsicherung der Wählerschaft über die Treue ihrer Volksvertreter davon ausgehen, dass man sich Ende des 20. Jahrhunderts Sorge um die Zuverlässigkeit der demokratischen Institutionen an sich machte? Zweifelte man auch am Staat selbst? Wenn der vielzitierte Meinungswechsel von der Toleranz gegenüber dem Ehebruch, wie er in der Zeit von John F. Kennedy herrschte, zu seiner Verteufelung in der Clinton-Ära auch bedeutet, dass eine nationale Allegorie neu geschrieben wurde (und zwar auf dem Körper des Führers, wie man das von allen Mythologien erwarten kann, die etwas taugen), dann übernehmen die Bürger bei dieser Neufassung die Rolle der verunsicherten, misstrauischen Frau, die unablässig den Treuebruch wittert. Wurden die Wahlkämpfe nicht als Ehekrise inszeniert, und war uns, den Frauen, die wartend zu Hause saßen, nicht ohnehin schon alles klar, angesichts einer Presse, die es zu ihrem Hauptgeschäft machte, Eheskandale aufzuspüren, mit den Revolverblättern, die Prominentengeliebten Geld boten, bevor das Bett noch kalt war, mit Fernsehreportern, die als Ehetherapeuten zur Hauptsendezeit ihren Interviewpartnern tränenreiche Geständnisse entlockten? Man schaue sich einmal die Leidenschaftslosigkeit der letzten Wahlen an: Wir haben einfach so getan als ob. Die Liebe ist schon lange verflogen. Wir werden belogen und betrogen: Seine Versprechen sind Lügen, seine Schwüre Hohn. Wir sind eine betrogene Nation, wir *wissen*, dass man uns zum besten gehabt hat. Aber da es uns an Würde fehlt, und da wir, Frauen eben, nicht nur in Passivität und Pragmatismus geschult sind, sondern auch gern kleinere Vergeltungsmaßnahmen durchführen, können wir ganz gelassen bleiben und die Bilanz als ausgeglichen betrachten. Oder wir schlucken unseren Groll hinunter und trösten uns mit Fast Food und Fernsehen, wie alle frustrierten Hausfrauen der gehobenen Mittelschicht. (Jeder, ob Mann oder Frau, hat ein paar Asse im Ärmel.)

Sie fühlen sich schwach? Ängstlich? Missachtet? Haben im tiefsten Innern das Gefühl, dass alles immer schlimmer wird? Oder gibt es – wie Sie der Eheberater in der ersten tränenreichen Stunde fragen wird – etwas, das Sie einfach nicht von dieser Beziehung bekommen, das Sie aber bräuchten, um sich sicher und geborgen zu fühlen?

Nun, wer hätte nicht das Gefühl, übervorteilt zu werden? Da sind all die ökonomischen Veränderungen des Spätkapitalismus mit seiner Globalisierung, die zunehmende Härte der Wirtschaft im Westen, die es versäumt, ihre schlichtesten Versprechen einzulösen, systematisch den Wohlfahrtsstaat abbaut und nicht einmal mehr das weitmaschigste ökonomische Sicherheitsnetz spannen möchte – selbst eine anständige Gesundheitsversorgung ist mittlerweile schon zuviel verlangt! Heutzutage kann jeder mit wenigen Wochen Vorankündung kalt vor die Tür gesetzt werden, wie es so viele Frauen mittleren Alters erleben mussten, die gegen jüngere, billigere, ausländische oder technisch geschicktere Modelle ausgetauscht wurden. Sie fühlen sich ungeliebt? Willkommen im Club – der New Economy. Um offen zu sein, es herrscht Zwangsmitgliedschaft. Oder versuchen Sie doch mal, wieder auszutreten.

Eine Frage an die Nation: Kann eine Gesellschaft ohne Langeweile nicht bestehen? Immerhin ist unbestreitbar, dass sie ein vorherrschendes Phänomen ist. Judith Seifer, die ehemalige Vorsitzende der amerikanischen Vereinigung der Sexualerzieher, -berater und -therapeuten erklärt: »Erotische Langeweile ist die am weitesten verbreitete Sexualstörung in diesem Land.« Der Philosoph Denis de Rougemont sieht unsere Neigung zur Fetischierung der Stabilität als einfache Lösung aller Zwickmühlen der Liebe. In seinem Buch *Die Liebe und das Abendland* schreibt er: »Der Wunsch, die Ehe solle auf einem solchen ›Glück‹ aufbauen, verlangt von Männern und Frauen heutzutage eine Fähigkeit, sich in Langeweile zu schicken, die beinahe als krankhaft bezeichnet werden kann.« (Dem Thema eher mit Pessimismus begegnend, stellt er sich die Frage, ob der Ehe, die so im Zentrum der menschlichen Sehnsucht angesiedelt ist, nicht etwas Verhängnisvolles anhaftet.)

Gehen wir die Langeweile aus zwei miteinander verschränkten Blickrichtungen an – Liebe und Arbeit, zwei Leitmotiven dieser Diskussion. Nehmen wir zunächst die Arbeit.

Die Einführung des Fließbands durch Ford, das bald die ganze Industrieproduktion beherrschen sollte, markiert einen Wendepunkt in der Geschichte der Langeweile. Handelte es sich um eine unausweichliche gesellschaftliche Entwicklung? Fest steht, dass innerhalb von drei Monaten, nachdem im Jahr 1914 die Produktion des Model T auf Fließband umgestellt worden war, die Montagezeit auf ein Zehntel sank. Unbestreitbar ist auch, dass diese neue Form der Arbeitsteilung die Arbeit mit einem Schlag zu unmenschlich langweiliger Plackerei machte. Doch der Profit hatte einen höheren Stellenwert als banale Wünsche wie die Zufriedenheit der Arbeiter oder ihre Lebensqualität. Tatsache ist weiterhin, dass sich dieser Produktivitätsanstieg in höhere Gewinne für Eigentümer und Aktienbesitzer ummünzen ließ, aber nicht an die dem Stumpfsinn überantworteten Arbeiter weiterfloss – jedenfalls nicht direkt, da Löhne nie an Gewinne gekoppelt waren. (Antonio Gramsci sah in diesem System, das den Menschen zur Maschine degradierte, brutalen Zynismus am Werk. Geistlose Arbeit erzeuge bei jenen, die sie verrichten müssten, ein ebensolches Innenleben, meinte Gramsci, und wer behaupte, das neue System erfordere »einen neuen Menschen«, der meine damit wohl einen dressierten Gorilla.*)

Henry Ford erhöhte allerdings den Lohn für seine Arbeiter beträchtlich, was bedeutete, dass die geistige Abstumpfung und die körperlichen Beschwerden, die sich aus den immergleichen Bewegungen ergaben, wenigstens in gewissem Maß dadurch ausgeglichen wurden, dass sie sich die billigen Konsumgüter kaufen konnten, welche die bald allgegenwärtigen Fließbandfabriken ausspuckten. Wir Menschen sind nicht allzu wählerisch, wenn es darum geht, etwas zu ersetzen, was uns das Leben genommen hat: unsere Gesundheit, unsere Kreativität, unseren Stolz. Wie jedermann weiß (und wenn nicht, die Werbeindustrie wurde eigens zu dem Zweck geschaffen, es allen klar zu machen), vermögen die richtigen Konsumgüter in stärkerer Dosierung tatsächlich das Gefühl der Amputation und der Wut zu dämpfen, das entsteht, wenn man gezwungen ist, den größten Teil seiner Zeit mit geistlosen und langweiligen Tätigkeiten zu verbringen – oder verbringen muss, solange man auf den Lohn angewiesen ist. Günstige Kredite sind

* Antonio Gramsci, ein politischer Denker, wurde als Führer der kommunistischen Partei Italiens von den Faschisten zehn Jahre in Haft gehalten. Erst kurz vor seinem Tod kam er wieder frei. Die im Gefängnis entstandenen Schriften – die sich unter anderem der Problematik widmeten, wie der »gesunde Menschenverstand« politisch missbraucht wird – konnten erst nach seinem Tod veröffentlicht werden.

eine weitere billige Methode, Arbeiter an ihre stumpfsinnige Tätigkeit zu fesseln. Das System ist so genial wie effizient: Die angeödeten Arbeiter in begierige Konsumenten zu verwandeln schafft einen florierenden Kreislauf von Produktion und Verbrauch, der, wie Gramsci aufzeigt, über das bloße Wirtschaftssystem hinausgeht: Es handelt sich dabei auch um ein emotionales System. Wir lassen schließlich nicht nur unsere Psychologie vor dem Fabriktor, wenn wir unsere Stechkarte einschieben.

Nicht lange vor Ford hatte Marx den Ausdruck »Warenfetischismus« geprägt. Damit meinte er – oder hätte er gemeint, wenn solche Wunderdinge nicht seine Vorstellungskraft überstiegen hätten –, dass die abgöttische Liebe, die man seiner Stereoanlage entgegenbringt, oder die erotische Beziehung, die man zu seinem Sportwagen unterhält, etwas mit dem Grad von Entfremdung zu tun hat, die man bei seiner Arbeit erfährt: Es ist eine Art von Kompensation für etwas, das man verloren hat oder das einem fehlt, insbesondere die Kreativität und Zufriedenheit, die man aus sinnvoller Arbeit ziehen kann. Da kommt der Visionär Henry Ford und wirft Marx' Grundannahmen über den Profit der Unternehmer über den Haufen, indem er den Arbeitern Löhne bietet, die ihnen Teilhabe am Konsum ermöglichen und sie somit in den entstehenden Produktions-Konsum-Kreislauf einbinden, freilich ohne ihnen soviel abzutreten, dass sie ihm am Ende in die finanzielle Unabhängigkeit entrinnen könnten.

Spaß und Zufriedenheit werden von nun an ein Kennzeichen privilegierter Tätigkeiten. Der Arbeitsökonom Michael Zweig schätzt, dass 62 Prozent der arbeitenden Bevölkerung Amerikas – sowohl Arbeiter als auch Angestellte –, weder ihr Arbeitstempo noch den Inhalt ihrer Arbeit bestimmen können. Zweig sieht in dieser Unfreiheit das Kennzeichen der modernen »Arbeiterklasse«. Die New Economy unserer Tage beziehungsweise die nachindustrielle Ära – gekennzeichnet durch Kapitalflucht, weitere Simplifizierung der Tätigkeiten und einen wachsenden Dienstleistungs- und Informationssektor – hat die Arbeit kaum interessanter gemacht. Fords Modell ist uns inzwischen so in Fleisch und

Blut übergegangen – Langeweile und Arbeit sind eins, Vergnügungen dienen als Ausgleich –, dass man es sich kaum noch anders vorstellen kann.

Der Punkt ist also folgender: Die Notwendigkeit einer kompensatorischen Wunscherfüllung – einer *Ersatzbefriedigung* – wurde von Anfang an in das System integriert. Es handelt sich, wie Gramsci bemerkt, um eine Synthese von Ökonomie und Psychologie. Man kann es auch umgekehrt betrachten, dann ist das Bedürfnis nach Ersatzbefriedigung ein verlässlicher Index der Entfremdung, die in einem gegebenen Moment in einer Organisation herrscht (eine Formel, die sich auf jede Art von harter Arbeit anwenden lässt, ob im Job oder an der Beziehung). Dies ist heutzutage nicht mehr an bestimmten Tätigkeitsfeldern oder sozialen Schichten festzumachen. Es kann auch einen Präsidenten treffen.

Zwar erhöhte Ford die Bezahlung seiner Arbeiter, doch knüpfte er dies an die Bedingung, dass sie ein geordnetes Familienleben führten. Wer von den höheren Löhnen profitieren wollte, musste nicht nur verheiratet sein, sondern auch eine tadellose Ehe führen und sich beim Alkoholkonsum zurückhalten. Eine eigens gegründete »Soziologische Abteilung« ließ regelmäßig Kontrolleure ausschwärmen, um die häusliche Situation der Arbeiter zu erkunden und der Firmenleitung zu melden. Ford war also ein früher Verfechter von Ehe und Familie, und seine Prinzipien lassen auch die ökonomischen Untertöne der heute verbreiteten Botschaft ein wenig deutlicher werden: Verheiratete Arbeiter sind produktive Arbeiter, sie bringen also Profit – allerdings nicht für die Arbeiter selbst, die nach wie vor die aufgezwungene Leere zu kompensieren suchen, sei es durch übermäßigen Konsum, sei es durch Liebe. (Vom spezifisch amerikanischen Problem des Übergewichts wollen wir erst gar nicht anfangen!) Liebe, ein unendlich formbarer Stoff, der sich jedem momentanen Erfordernis anzupassen versteht, ist dafür mindestens so gut geeignet wie jede andere legale Droge. In der Konsumkultur wird sie zur billigen Ware, von den Fließbändern der Fabriken in ausgestanzter Form ausgespuckt und den angeödeten und entfremdeten Malocherkonsumenten als Allheilmittel gegen die Leere verkauft.*

Was uns zur Liebe zurückbringt. (Und zur Leere.)

Gegen Ende des Jahrzehnts machte man sich in den Medien über den erzkonservativen republikanischen Senator Steven R. Johnson aus Indiana lustig, der sich bei einer außerehelichen Affäre mit einer 23-jährigen Büropraktikantin ertappen ließ. Es war die Clinton-Lewinsky-Affäre in der Taschenausgabe, daher die allgemeine Heiterkeit. Pro forma rief man auch nach einer »Untersuchung« und forderte den Senator zum Rücktritt auf. Im Unterschied zu unserem sich windenden Präsidenten gestand Senator Johnson seinen Fehltritt ohne Umschweife ein und äußerte Bedauern. Einen Rücktritt lehnte er ab, akzeptierte allerdings ein Votum, das von ihm die Niederlegung seiner Funktionen im Senat verlangte und ihn für die Dauer von zwei Jahren auf die Hinterbank verbannte. (Seine eifernden Kollegen, die ihm diese Demütigung bereiteten und für seine Degradierung stimmten, litten vermutlich nicht wenig unter vorübergehendem Gedächtnisschwund hinsichtlich eigener Techtelmechtel.) Senator Johnson, dessen Ehe in Folge der Affäre in die Brüche ging, nahm diese Maßnahmen gelassen hin und lobte seine Kollegen sogar für ihre »Höflichkeit und Nachsicht«. Öffentlich erklärte er, »auf eine sehr ungewöhnliche Weise« hätte er »eine phantastische Gelegenheit erhalten, ein neues Leben zu beginnen«.

Interessant zu wissen wäre, was Johnsons Kollegen eigentlich untersuchen wollten. Benahmen sie sich nicht wie die herumschnüffelnden Ehefrauen, war nicht alles schon längst bekannt?

---

* Bei der Erörterung der Fragen rund um den kompensatorischen Effekt der Konsumkultur sollten wir aber moralinsauren Asketismus und falsche Geradlinigkeit vermeiden, wie sie manchmal mit solcher Kritik verknüpft wird. Die Anti-Knitter-Funktion meines Wäschetrockners ist eine *wahre* Freude, und ein Bummel durch Schuhgeschäfte ist als Freizeitaktivität allemal einer Lagerfeuerrunde vorzuziehen, bei der zu Gitarrengeklampfe Arbeiterlieder gesungen werden.

Wollten sie etwa Johnsons verblüffendes Bekenntnis, es sei eine phantastische Gelegenheit für einen Neuanfang gewesen, unter die Lupe nehmen? Oder seine offenkundige Freude darüber, dass er sich in einer ganz neuen Lage befand? Sicher, weder der Wunsch nach Veränderung noch Risikobereitschaft sind als politische Visionen sehr weit verbreitet, besonders nicht unter Politikern. Welche Lobbyisten setzen sich für so etwas schon ein? Wo findet man dafür Wahlkampfunterstützung? Diese allgegenwärtige Sehnsucht und Unzufriedenheit, die keiner ahnt und doch jeder kennt und die sogar im Herzen der Macht aufzuspüren ist, lässt vermuten, dass uns etwas fehlt; und der Ehebruch versucht unter Bedingungen verschärfter Geheimhaltung Abhilfe zu schaffen, was dann teils lächerliche, teils riskante und vom Unbewussten diktierte Verhaltensweisen zur Folge hat. Es sieht ganz so aus, als wäre der Motor für über ein Jahrzehnt Skandale schlicht ein nicht zu unterdrückendes Bedürfnis nach *mehr* gewesen.

Das einzige Geheimnis, das dadurch enthüllt wurde, war, dass selbst unsere Politiker heimliche Utopisten sind, beladen mit ungestillten Sehnsüchten und Träumen, denen sie trotz ihres lebenslang eingeübten, knallharten Pragmatismus und langen Lehrjahren in der Schule der Realpolitik doch nicht entsagen können. Und so stellte sich als unerwartetes Ergebnis am Ende heraus, dass die repräsentative Demokratie in Amerika tatsächlich funktioniert, wenn auch verkehrt herum. Unsere Politiker repräsentieren für uns Wähler zu Hause die Unmöglichkeit, ein Leben nach der Norm familiärer Intimitätsbeschränkung zu führen, die sie uns offiziell verkünden. Nach wie vor bleibt es jedoch eine unheilvolle Tatsache, dass es sehr gefährlich ist, das Verlangen nach Glück zu einer offenen politischen Forderung zu erheben. Aber wenigstens hat es den Ehebruch gegeben, gegenwärtig der geheime Ausdruck des Wunsches nach *mehr*. Trotz aller Probleme, die er mit sich bringt – die er mit anderen Ersatzbefriedigungen wie Einkaufsbummel und der Suche nach dem Glück teilt –, ist er zumindest ein verlässlicher Beweis dafür, dass wir noch nicht ganz unten sind, vor allem wenn wir uns innerlich ein wenig abgestorben fühlen.

Und diese Funktion erfüllt er, zumindest so lange, bis sich etwas Besseres abzeichnet.

Die gute Nachricht aus der Hauptstadt ist, dass Heuchelei auf Dauer keinen Bestand hat, auch wenn sie uns prophylaktisch eingehämmert und als notwendiges gesellschaftliches Übel dargestellt wird. (Man bedenke den Rat, den der konservative Moralprediger William Bennett, Autor von *The Book of Virtues. The Moral Compass* gegeben hat: »Heuchelei ist besser als gar keine Prinzipien.«) So wacker sich die Heuchelei gegen die Selbsterkenntnis sperrt, eines Tages kommt der Skandal, der sie zu Fall bringt. Das dem Skandal innewohnende Bestreben, die Transparenz zur Tugend zu erheben, mag ihre eigenen Widersprüche in sich bergen, doch wenn die Botschaft darin besteht, dass die Zurschaustellung falscher Tugend der schnellste Weg ist, sich landesweit zum Gespött zu machen, dann kann dies nicht so falsch sein.

Doch was ist mit den Ängsten der Konservativen, eine lockere Sexualmoral untergrabe die staatlichen Institutionen, über die man so viel liest? Statt sich darüber zu streiten, ob dies stimmt oder nicht, könnten wir ja einmal unsere konservativen Freunde beim Wort nehmen: Ja, institutionelle Unsicherheit *ist* ansteckend. Das wirft die Frage auf: Wenn man es zuließe, Treueschwüre zu überdenken und Gesellschaftsverträge neu auszuhandeln, in welchen Bereichen würde sich dann als nächstes Unzufriedenheit melden? Welche erstarrten und verkrusteten Institutionen müssten als nächste um ihre Zukunft bangen?

Ehebruch steht für und reagiert auf Unzufriedenheit, wenn auch regel- und planlos, oft auch nur momentan. Insofern er Ausdruck eines neu aufkommenden Verlangens nach »etwas anderem« ist, bereitet er damit auch, wie befürchtet wird, Möglichkeiten des Durchbruchs in andere Sphären vor? Wenn der meistgemiedene Satz in der heutigen Liebe wie in der heutigen Politik lautet: »Vielleicht könnte alles ganz anders sein«, dann vielleicht deshalb, weil er auch andere Eidesverpflichtungen in Gefahr bringt? Das Ethos der harten Arbeit in der Beziehungsfabrik vielleicht?

Arbeite weniger, bekomme mehr dafür – auch das wäre ein Motto, auf das man die Nation einschwören könnte.

***

Literatur über die Liebe gibt es reichlich. Ratgeber preisen harte Arbeit als Allheilmittel gegen schwindende Zuneigung an; alle anderen stellen immer nur ohne Ende die immergleiche Frage: »Was ist Liebe?« Keine Antwort scheint zu genügen, muss doch die Frage immer wieder von neuem gestellt werden. Wenn diese Definitionsschwierigkeiten Ausdruck davon sind, dass die Sache im Kern so unendlich enttäuschend wie unendlich vielversprechend ist, wenn der menschlichen Sehnsucht eigen ist, dass sie ihre Erfüllung verhindert – unbeschadet dessen, dass sie flüchtige Momente der Träumerei und vorbeihuschende Einblicke in Transzendenz gewährt –, dann erhebt sich die Frage, was die Gesellschaft mit all dieser Enttäuschung und all dieser Verheißung anfängt. Man bedenke die Möglichkeiten! Liebe könnte ein Feld des Experimentierens mit Wünschen und Wegen, ja sogar mit utopischen Phantasien des Genusses und der Fülle sein. Oder die Liebe wird vor den Karren des gesellschaftlichen Nutzens gespannt und lernt, erdrückt von Sparzwängen und gehemmter Lust, die tödlich langweilige Sprache der Fabrik zu stammeln – eine wirksame Methode, Fügung in gedämpfte Erwartungen, Verzicht und Erhalt des Status quo zu erreichen. Das alles kann sich zur allgemeinen Monogamiepflicht verfestigen – nicht, weil es den Bedürfnissen der Menschen entspricht, sondern als aufgezwungenes System. (Womit nicht gesagt werden soll, dass ein Leben in Monogamie nicht auch einem Bedürfnis entsprechen könnte, was sich allerdings nicht feststellen lässt, solange die Ehe als Sicherungsverwahrung im staatlichen Zwangssystems organisiert ist.)

Natürlich, der Ehebruch bringt alles durcheinander. Die Ethnologen haben die Aufteilung der Welt in Kategorien des Reinen und Unreinen samt der Tabuisierung des letzteren als universelle Kulturkomponente erkannt. Die Ehe ist die grundlegende Struktur unserer Gesellschaft – »der allumfassende, alles organisierende und alles enthaltende Vertrag« nach Tony Tanner – und der wird beim Ehebruch gebrochen. Das weckt Ängste, der Ehebruch könnte sich nicht auf einzelne Haushalte allein beschränken, sondern sich auf jedwede Form der Stabilität ausdehnen, die auf der Befolgung von Eheregeln beruht. Rückstände von Purismus sozialer und rassischer Natur sind ihnen bis heute anzumerken, insgesamt umgibt sie eine Aura von Waschzwang. Es erübrigt sich zu sagen, dass alles, was wie die Ehe so ängstlich um die eigene Unbeflecktheit bemüht ist und seinen wackligen Status als »einzig wahren und echten« verkauft, immer besonders anfällig für die Erniedrigung ist, da hilft keine noch so große Wachsamkeit – und zweifellos zieht das um Reinhaltung bemühte gerade aus diesen Gründen Zyniker an, so wie die Jungfrau den alten Lüstling oder der frisch betonierte Weg jemanden, der sich darin verewigen möchte. Machen wir uns nichts vor: Die Reinheit liebäugelt schon per se immer mit ihrer Befleckung, darin ist sie schamlos, und das trotz aller privaten und gesellschaftlichen Schutzmechanismen, die man errichtet hat, um dies zu verhindern, sei es knallharte Monogamie oder verschärfte Einwanderungsbestimmungen. Und was ist das Ergebnis solcher Abwehrstrategien, wenn nicht erstarrte Persönlichkeiten und kraftlose Monokulturen – oder, wenn Sie zur Panik neigen, hier und da mal eine faschistische Bewegung.

Der pfiffige Georg Simmel, Zeitgenosse Freuds, bemerkt in seinem Aufsatz »Die Psychologie der Koketterie«, Liebe habe die Neigung, mit ihrer Erfüllung zu erlöschen. Liegt die Liebe auf einem Weg, der vom Zustand des Nichthabens zum Haben führt, so Simmel mit Hinweis auf Platon, dann verändert sich durch die Besitzerlangung dessen, was man begehrte, das gesamte Unternehmen – und damit auch die Freude daran. (Sobald man über etwas verfügt, hat es ein Ende mit dem Begehren.) Daraus entwickelt sich die Kunst des Flirts, der die Schwebe zwischen dem Haben und dem Nichthaben hält und alle Möglichkeiten offen lässt. Der Zustand zwischen Zustimmung und Ablehnung ist der Weg zur Freiheit, meint Simmel; eine Entscheidung in die eine oder andere

Richtung beendet auch den Flirt. (Bei Simmel flirten meist die Frauen, deren Freiheit anderweitig gesellschaftlich eingeschränkt ist – heutzutage kann aber jeder die Frauenrolle übernehmen.) Simmel dehnt seine Überlegungen auf den intellektuellen Flirt mit Ideen aus. Ein intellektueller Flirt lässt probeweise Dinge gelten, an die man nicht wirklich glaubt, um deren Wirkung zu testen – Widersprüche zweifelhafter Provenienz, kleine, nicht ernstgemeinte Drohungen, falsche Selbstherabwürdigungen (mit denen man nach Komplimenten fischt); solche Flirts schwanken stets zwischen Zustimmung und Verneinung. Simmel findet dergleichen charmant. Es erweckt Entzücken und Lust, meint er, wobei sich der Leser fragt, wen er im Sinn gehabt haben könnte (oder sich vielleicht wünscht, er hätte ihn im Sinn gehabt) – aber wer auch immer einen Essay über den Flirt schreibt, der weiß auch genau, was Zweideutigkeit ist.

Vielleicht gibt es niemanden, der gegen die Liebe sein kann, aber wenigstens ist es möglich, mit dieser Vorstellung zu flirten. Oder, wie Adam Philips später in seinem eigenen Essay über den Flirt sagt: »Was bleibt bei der Verpflichtung außen vor, das wir uns vielleicht wünschen?« Es sei daran erinnert, dass »gegen« eines der Worte ist, das wie »umfahren« sowohl sich selbst als auch sein Gegenteil bedeuten kann. Es flirtet mit dem Widerspruch. (Wie möglicherweise jeder, der liebt.) Man kann etwas sorgsam umfahren, und man kann es brutal umfahren. Ähnlich »gegen«. Gegen etwas zu sein heißt, sich ihm zu *widersetzen*, ihm Widerpart zu leisten oder es herauszufordern. Das Wort bedeutet aber auch *benachbart sein*: neben oder nahe von etwas sein, mit ihm eine Grenze teilen. Das »Gegenstück« einer Sache ist ihr auch durch Ähnlichkeit verbunden. Was also »gegen die Liebe« meint, hängt immer auch vom Kontext ab. Und Kontexte ändern sich – eine Idee, mit der sich ein Flirt lohnt –, und auf einmal hat alles eine neue Bedeutung.

Ausgewählte Literatur

Zu den verwendeten Quellen

In der folgenden Liste habe ich viele unschuldige Bücher und Autoren zusammengestellt, die mir – teils gegen den Strich gelesen – Anregungen für dieses Buch lieferten. In der Hauptsache waren das: Für Kapitel 1: Herbert Marcuse, *Der eindimensionale Mensch*, übersetzt von Alfred Schmidt, Luchterhand, Darmstadt und Neuwied 1964; für Kapitel 2: Michel Foucault, *Überwachen und Strafen: Die Geburt des Gefängnisses*, übersetzt von Walter Seitter, Suhrkamp, Frankfurt am Main 1976; für Kapitel 3: Michel de Certeau, *Kunst des Handelns*, übersetzt von Roland Vouillé, Merve, Berlin 1988, und Peter Bürger, *Theorie der Avantgarde*, Suhrkamp, Frankfurt am Main 1974; für Kapitel 4: Frederic Jameson, *The Political Unconscious: Narrative as a Socially Symbolic Act*, Cornell University Press, Ithaca, N. Y. 1981.

Weitere Literatur

Baldick, Chris, *In Frankenstein's Shadow: Myth, Monstrosity, and Nineteenth-Century Writing*, Oxford University Press, New York 1987.

Barthes, Roland, *Fragmente einer Sprache der Liebe*, übersetzt von Hans-Horst Henschen, Suhrkamp, Frankfurt am Main 1988.

Basch, Norma, *Framing American Divorce: From the Revolutionary Generation to the Victorians*, University of California Press, Berkeley und Los Angeles, 1999.

Berlant, Lauren, *The Queen of America Goes to Washington City: Essays on Sex and Citizenship*, Duke University Press, Durham, N.C. 1997.

Bloch, Ernst, *Philosophische Aufsätze zur objektiven Phantasie*, Suhrkamp, Frankfurt am Main 1977.

Bollas, Christopher, *Der Schatten des Objekts: Zur Psychoanalyse der frühen Entwicklung*, übersetzt von Christoph Trunk, Klett-Cotta, Stuttgart 1997.

Braverman, Harry, *Die Arbeit im modernen Produktionsprozeß*, übersetzt von Karin de Sousa Ferreira unter Mitarbeit von Hans-G. Nutzinger, Campus, Frankfurt/New York 1977.

Chandler, James. *England in 1819: The Politics of Literary Culture and the Case of Romantic Historicism*, University of Chicago Press, Chicago 1998.

Cott, Nancy, *Public Vows: A History of Marriage and the Nation*, Harvard University Press, Cambridge, Mass. 2000.

Davis, Lennard, *Enforcing Normalcy: Disability, Deafness, and the Body*, Verso, New York 1995.

Douglas, Mary, *Reinheit und Gefährdung: Eine Studie zu Vorstellungen von Verunreinigung und Tabu*, übersetzt von Brigitte Luchesi, Reimer, Berlin 1985.

Elias, Norbert, *Über den Prozeß der Zivilisation: Soziogenetische und psychogenetische Untersuchungen*, Suhrkamp, Frankfurt am Main 1969.

Engels, Friedrich, *Der Ursprung der Familie, des Privateigentums und des Staats: Im Anschluss an Lewis H. Morgans Forschungen*, MEW 21.

Foucault, Michel, *Sexualität und Wahrheit*, 3 Bände, Suhrkamp, Frankfurt am Main 1977-1986.

Freud, Sigmund, »Das Unbehagen in der Kultur«, in: *Gesammelte Werke*, chronologisch geordnet, 18 Bände, unter Mitwirkung von Marie Bonaparte, Prinzessin Georg von Griechenland herausgegeben von Anna Freud, Imago Publishing, London 1952 ff., Bd. 14.

ders., »Die ›kulturelle‹ Sexualmoral und die moderne Nervosität«, in: *Gesammelte Werke*, Bd. 7.

ders., »Der Witz und seine Beziehung zum Unbewußten«, in: *Gesammelte Werke*, Bd. 6.

ders., »Über die allgemeine Erniedrigung des Liebeslebens«, in: *Gesammelte Werke*, Bd. 5.

ders., »Drei Abhandlungen zur Sexualtheorie«, in: *Gesammelte Werke*, Bd. 5.

Giddens, Anthony, *The Transformation of Intimacy: Sexuality, Love, and Eroticism in Modern Societies*, Stanford University Press, Stanford, Calif. 1992.

Ginzburg, Carlo, *Der Käse und die Würmer: Die Welt eines Müllers um 1600*, übersetzt von Karl F. Hauber, Syndikat, Frankfurt am Main 1983.

Graff, E. J., *What Is Marriage For? The Strange Social History of Our Most Intimate Institution*, Beacon Press, Boston 1999.

Gramsci, Antonio, *Gefängnishefte*, hrsg. vom Deutschen Gramsci-Projekt unter der wiss. Leitung von Klaus Bochmann und Wolfgang Fritz Haug, Studienausgabe, 10 Bände, Argument, Hamburg 1991-2002.

Hariman, Robert, *Political Style: The Artistry of Power*, University of Chicago Press, Chicago 1995.

Hobsbawm, Eric, *Social Bandits and Primitive Rebels*, Norton, New York, 1959.

Hochschild, Arlie Russell, *Keine Zeit. Wenn die Firma zum Zuhause wird und zu Hause nur Arbeit wartet*, übersetzt von Hella Beister, Leske und Budrich, Opladen 2002.

Illouz, Eva, *Der Konsum der Romantik. Liebe und die kulturellen Widersprüche des Kapitalismus*, übersetzt von Andreas Wirtensohn, Campus, Frankfurt/New York 2003.

Jacoby, Russell, *Soziale Amnesie: Eine Kritik der konformistischen Psychologie von Adler bis Laing*, übersetzt von Christel Beier, Suhrkamp, Frankfurt am Main 1978.

Jameson, Fredric, The Geopolitical Aesthetic: Cinema and Space in the World System, Indiana University Press, Bloomington 1992.

Kernberg, Otto, *Liebesbeziehungen. Normalität und Pathologie*, übersetzt von Christoph Trunk Klett-Cotta, Stuttgart 1998.

Lasch, Christopher, *Geborgenheit: Die Bedrohung der Familie in der modernen Welt*, übersetzt von Barbara Osterwald und Anita Ehlers, Steinhausen, München 1981.

Lawson, Annette, *Adultery: An Analysis of Love and Betrayal*, Basic Books, New York 1988.

Livingston, Judith, »Love and Illusion«, in: *Psychoanalytic Quarterly 65* (1996).

Marcuse, Herbert, *Triebstruktur und Gesellschaft: Ein philosophischer Beitrag zu Sigmund Freud*, übersetzt von Marianne v. Eckardt-Jaffe, Suhrkamp, Frankfurt am Main 1965.

Marx, Karl, *Das Kapital*, 1867, zahlreiche Ausgaben und Auflagen.

Miller, Gerald R. und Stiff, James B., *Deceptive Communication, Newbury Park,* Sage Publications, Kalifornien 1993.

Miller, William Ian, *The Anatomy of Disgust*, Harvard University Press, Cambridge, Mass. 1997.

Mitchell, Stephen A., *Can Love Last? The Fate of Romance over Time*, Norton, New York 2002.

Nietzsche, Friedrich, »Zur Genealogie der Moral«, in: *Werke. Kritische Gesamtausgabe*, herausgegeben von Giorgio Colli und Marvino Montinari, 6. Abteilung, Bd. 2, Walter de Gruyter & Co, Berlin 1968.

Pateman, Carole, *The Problem of Political Obligation: A Critical Analysis of Liberal Theory*, Wiley, Chichester, N.Y. 1979.

Perry, Ruth, »Sleeping With Mr. Collins«, in: *Persuasions 22* (2000).

Phillips, Adam, *Monogamie: ... aber drei sind ein Paar*, übersetzt von Michael Walter, Fischer Taschenbuch-Verlag, Frankfurt am Main 1997.

ders., *On Flirtation: Psychoanalytic Essays on the Uncommitted Life*, Harvard University Press, Cambridge 1994.

Poster, Mark, *Critical Theory of the Family*, Seabury Press, New York 1978.

Reich, Wilhelm, *Massenpsychologie des Faschismus. Zur Sexualökonomie der politischen Reaktion und zur proletarischen Sexualpolitik*, Verlag für Sexualpolitik, Kopenhagen 1933.

Rougement, Denis de, *Die Liebe und das Abendland*, übersetzt von Friedrich Scholz und Irène Kuhn, Diogenes, Zürich 1987.

Simmel, Georg, *Philosophische Kultur. Über das Abenteuer, die Geschlechter und die Krise der Moderne. Gesammelte Essays*, mit einem Vorwort von Jürgen Habermas, Wagenbach, Berlin 1998.

Singer, Irving, *The Nature of Love: The Modern World*, University of Chicago Press, Chicago 1984.

Spurlock, John, *Free Love: Marriage and Middle-Class Radicalism in America, 1825-1860*, New York University Press, New York 1988.

Stone, Lawrence, *The Family, Sex, and Marriage in England 1500-1800*, Harper and Row, New York 1977.

ders., »Passionate Attachments in the West in Historical Perspective«, in: *Passionate Attachments: Thinking about Love*, hrsg. von William Gaylin und Ethel Person, Free Press, New York 1988.

Tanner, Tony, *Adultery in the Novel: Contract and Transgression*, Johns Hopkins University Press, Baltimore 1979.

Taylor, Charles, *Quellen des Selbst. Die Entstehung der neuzeitlichen Identität*, übersetzt von Joachim Schulte, Suhrkamp, Frankfurt am Main 1996.

Thompson, E. P., *Die Entstehung der englischen Arbeiterklasse*, Suhrkamp, Frankfurt am Main 1987.

ders., »Time, Work-Discipline, and Industrial Capitalism«, in: *Customs in Common*, Merlin Press, London und New Press, New York 1991.

Turner, Victor, »Social Dramas and Stories about Them«, in: *Critical Inquiry* 7, Nr. 1 (1980).

Warner, Michael, *The Trouble With Normal: Sex, Politics and the Ethics of Queer Life*, Free Press, New York 1999.

Weber, Max, *Die protestantische Ethik und der »Geist« des Kapitalismus.* Textausgabe auf der Grundlage der ersten Fassung von 1904/05 mit einem Verzeichnis der wichtigsten Zusätze und Veränderungen aus der zweiten Fassung von 1920, Beltz, Athenäum, Weinheim 2000.

Wexman, Virginia Wright, *Creating the Couple: Love, Marriage and Hollywood Performance*, Princeton University Press, Princeton, N. J. 1993.

Zaretsky, Eli, *Die Zukunft der Familie. Über Emanzipation und Entfaltung der Persönlichkeit*, übersetzt von Karin de Sousa Ferreira, Campus/New York 1978.

ders., *Secrets of the Soul: Psychoanalysis, Modernity and Personal Life*, Knopf, New York 2004.

Zweig, Michael, *The Working Class Majority: America's Best Kept Secret*, ILR Press, Ithaca, N. Y. 2000.